秒懂

抖音、快手、小红书

头号玩家————著

民主与建设出版社

·北京·

图书在版编目（CIP）数据

秒懂抖音、快手、小红书 / 头号玩家著 . -- 北京：
民主与建设出版社 , 2024.4（2025.5 重印）
　ISBN 978-7-5139-4549-3

　Ⅰ . ①秒… Ⅱ . ①头… Ⅲ . ①网络营销 Ⅳ .
① F713.365.2

　中国国家版本馆 CIP 数据核字（2024）第 060844 号

秒懂抖音、快手、小红书
MIAODONG DOUYIN KUAISHOU XIAOHONGSHU

著　　者	头号玩家	
责任编辑	彭　现	
装帧设计	尧丽设计	
出版发行	民主与建设出版社有限责任公司	
电　　话	（010）59417749　59419778	
社　　址	北京市朝阳区宏泰东街远洋万和南区伍号公馆 4 层	
邮　　编	100102	
印　　刷	大厂回族自治县彩虹印刷有限公司	
版　　次	2024 年 4 月第 1 版	
印　　次	2025 年 5 月第 3 次印刷	
开　　本	670mm×950mm　　1/16	
印　　张	13.5	
字　　数	156 千字	
书　　号	ISBN 978-7-5139-4549-3	
定　　价	49.80 元	

注：如有印、装质量问题，请与出版社联系。

前 言
PREFACE

以抖音、快手、小红书为代表的电商模式，是一种新型的销售模式。人们曾经对这种模式有诸多顾虑，有人甚至说"网红经济只是一场过眼云烟"。但是随着时间的推移，这种模式不仅没有偃旗息鼓，反而成为很多人日常购物消费的重要方式，其销售的商品种类涵盖了服装、美妆、食品、数码、母婴等领域，满足了消费者的多样化需求。如今，越来越多的人正参与到这种电商销售模式中，一边观看主播卖力地表演，一边点击小黄车购买自己喜爱的商品。

传统电商模式的代表，即淘宝、京东、拼多多等平台商家的经营方式。在传统电商模式下，商家把产品拍成高质量的图片、视频，再加上精心编辑的文案，推给消费者。这种模式非常有效，但是直播带货出现后，迅速分走了一大块蛋糕，可见直播带货的优势非常明显。

在当下的网络时代，传统媒体已经很难垄断话语权，网民们的自发创作和分享，才是决定流量去向的关键。抖音、快手和小红书正是靠着用户的积极参与，才能在激烈的市场竞争中站稳脚跟。

作为社交软件平台，抖音、快手、小红书背后依靠的是强大的算法，通过标签分发，让每个用户都能找到自己感兴趣的内容。也正是由于这套算法，许多人可以在平台上完成销售盈利，各行各业的人都可以在平台上直播带货，实现公域流量的广泛触达和私域流量的精准投放。许多新品牌的孵化、冷启动，从 0 到 1 的过程，都是在抖音、快手、小红书上完成的。

未来，电商直播带货将会越来越流行，竞争也会越来越激烈。先入局者先得利，后入局者难得利，这已经是不争的事实。因此，在抖音、快手、小红书上做内容和营销，是品牌当下乃至未来十年必须研究透彻的课题。

本书的内容是我和团队通过对行业多年的观察、参与后得出的经验总结，从前期的战略方向，到中期的内容创作和直播创作，再到流量的获取和数据复盘，全方位地揭示了新型电商运营的秘诀。此外，书中还包含了很多从业者的真实案例，让读者一看就会，拿来就用。最后，希望本书能起到抛砖引玉的作用，帮助大家在抖音、快手、小红书上快速涨粉，引爆销量。

目　录
CONTENTS

第一篇　内容创作，打造百万粉丝账号

第1章 ▶ 定位：电商成功的关键

第 2 章 ▶ 选题策划：打造个性鲜明的账号

第 3 章 ▶ 实战技巧：创作真的很简单

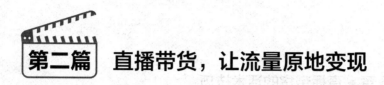

第二篇 直播带货，让流量原地变现

第 6 章 ▶ 直播带货的话术技巧

第三篇 精准引流，低成本获取流量

第 7 章 ▶ 各大平台的推荐算法机制

第 10 章 ▶ 提升账号权重的技巧

第一篇

内容创作，打造百万粉丝账号

　　随着互联网的不断发展，以抖音、快手、小红书为代表的社交电商在近年来得到了蓬勃发展，而账号运营更是成为电商必须掌握的核心技能之一。仅依靠购买流量，账号是不可能长久运营下去的，因此电商必须学习内容创作。从账号定位，寻找目标市场和人群，到选题策划，打造有个性、吸引人的账号，再到内容创作，学习实用的短视频/图文笔记的创作模板，最终构建起一个能够吸引自然流量的高质量品牌。

第1章 定位：电商成功的关键

在日益激烈的行业竞争中，做好定位至关重要。电商从业者应当针对特定的市场需求，对用户群体进行划分，然后结合自身优势，确定自己的核心竞争力，这样才能吸引更多的用户，实现盈利。同时，做电商还要兼顾抖音、快手、小红书平台的差别，针对各个平台用户群体的特征，制定适合自身的商业战略。

1.1 抖音：重视创意的多元文化

抖音是字节跳动公司旗下的产品，上线之初便以短视频社交为主打迅速占领了大片市场，后来引入了电商模式，成为国内电商市场不可小觑的一支力量。

1.1.1 抖音平台的用户特征

抖音上线之初，就将目标用户瞄准了一、二线城市的年轻用户，其中 19~24 岁的用户群体占总用户数量的 40%。这部分用户的收入和学历水平更高，因此更在乎美感，所以早期抖音给人们留下的印象是更加新潮、个性化。

如今，抖音的日活跃用户已经超过 6 亿。用户群体的不断增长，必然会让需求变得无比复杂，以往比较单一的娱乐题材也就难以满足用户了。为了应对这种情况，抖音官方提出了"多元互融、共创美好"的发展主题，承诺除了短视频之外，抖音在未来会将视角放在图文、短剧、传统文化、生活服务等内容上。可以预见的是，未来抖音的内容创作将会朝着更加专业化、多元化的方向发展，无论是内容策划、拍摄技巧，还是后期推广、商业变现，都会对创作者提出更高的要求。

在抖音看来，为客户提供增量价值，才是未来长远发展的方向，抖音电商就是其中之一。

1.1.2　抖音电商的发展阶段

1. 达人带货

达人带货是各大社交平台都很常见的变现方式，除了新兴的抖音、快手、小红书以外，传统的微博、微信甚至各大论坛，都有达人带货的变现模式。据蝉妈妈统计数据显示，2022 年达人营销的达人合作数量同比 2021 年增长超 274%。可以说，品牌与达人合作已经是一种很成熟的网络变现模式了。

2. 电商直播

在聚集了巨量用户之后，抖音也开始引入电商模式，与淘宝、京东、拼多多等传统电商平台展开角逐，并取得了非常优秀的战绩。例如，罗永浩的"交个朋友"、俞敏洪的"东方甄选"、小杨哥的"三只羊网络"等，影视明星、网络红人、大牌主播们和抖音互相成就，共同进步。

3. 全域兴趣电商

相比于传统的商店卖货，达人带货的优势显而易见。抖音达人凭借优质的内容或形象吸引用户，让他们在刷短视频或看直播的同时，获得情绪上的满足感，这对于促进货物销售显然是非常有利的。不过缺点也很明显，那就是达人带货并不稳定，而且随着达人带货越来越普及，人们对这种兴趣电商的好奇心也在不断消退。

抖音也认识到了这一点，因此抖音提出"全域兴趣电商"的概念，试图利用兴趣社群的力量，来有效地推动消费者的购买行为，从而实现更高效的商业运作。所谓的全域，就是指公域、私域、商域三域打通，一方面继续扩大流量，另一方面提升流量的稳定性。

在全域兴趣电商时代，传统电商的供应链优势和传统主播的内容优势被结合起来，形成"短视频 + 商城 + 直播"的立体化运营模式。

经典案例

北京环球影城的话痨"威震天"

2021 年 9 月，北京环球影城主题乐园正式开园，同时在抖音、B 站、小红书等平台进行推广和营销。

北京环球影城拥有众多主题景区，其中的变形金刚、哈利·波特、侏罗纪世界、功夫熊猫等已经是广为人知的大 IP，因此官方充分利用了这一优势，通过真人互动的方式，迅速在网上收获了人气。

　　工作人员事先穿上机甲，扮成"威震天"，酷炫的外表完美还原了电影中的形象，让人眼前一亮。等到游客靠近时，隐藏在机甲内的工作人员便会和他们进行交流。当游客冲着"威震天"做出不友善的动作时，"威震天"还会对其展开教育，用幽默的方式化解尴尬，令人捧腹大笑。很快，话痨"威震天"便借着短视频的方式迅速登上热搜。北京环球影城也因为这一优秀的营销策划方案，而长期占据抖音北京游玩打卡榜第一名，其小程序每天能卖出近千张门票。

　　话痨"威震天"和游客互动的情景，诞生了一段段优质的短视频内容。北京环球影城作为商家，一方面提供商品（主题游乐园），另一方面又能产出内容（互动视频），已经很接近全域兴趣电商的概念了。

1.2　快手：接地气的"家人文化"

　　快手是北京快手科技有限公司旗下的产品。和抖音一样，快手也是一款短视频社交平台，拥有广大的用户群体。

1.2.1　快手平台的用户特征

　　作为国内头部短视频 App 之一，快手选择了和抖音不同的定位。快手的规划偏向于社区氛围，更加草根化、平民化。在部分人看来，这种气质或许不够潮，不够精致，但正是这种独特的气质，帮助快手迅速成为国内头部短视频平台。从这一点上来说，快手和抖音的风格是大不相同的。

如今快手的日活跃用户已经达到 3 亿多，其中以年轻人为主。数据显示，90 后和 00 后在快手用户中占比约 70%。年轻人通常对新奇的事物充满好奇心，喜欢通过短视频来记录生活、表达自我，也对新事物和新趋势更加向往。

正如快手的广告词所说的那样——"拥抱每一种生活"。在快手上，你可以看到新奇有趣的底层生活，也可以看到各类搞怪视频。快手构建了一种平等、包容的平台氛围。在快手平台，你能轻松找到自己感兴趣的领域。各种不同类目的内容，共同构成了快手的"家人文化"。

与京东、天猫等传统电商平台相比，快手上的商品价格相对较低，用户更注重价格实惠、性价比高的商品。飞瓜数据快手版公布的数据显示，2023 年上半年，服饰鞋靴、美食饮品、美容护肤、珠宝钟表占据了快手电商销售的 TOP4，其中女性用户消费占比较高，主要集中在医疗美容、儿童鞋服、婴童尿裤等品类上。

1.2.2 快手电商的发展阶段

1. 短视频向直播扩张

在发展初期，快手并没有进军电商领域，而是专注于争夺短视频用户和直播用户。关注个体，有人情味儿，为快手在下沉市场上站稳了脚跟，也为后续的直播之路奠定了基础。

2. 直播向带货扩张

随着用户的不断积累，快手也开始了流量的变现之路。2018 年，快手先后推出"麦田计划""福苗计划"等，一边接入淘宝、拼多多、京东等电商平台，一边大力扶持快手平台的商家。经过几年的不断深耕，快手电商的交易规模实现了爆发式增长，如今已发展到了综合GMV超一万亿元的市场规模。在众多快手商家中，又以工厂主、女性劳动者、民间手艺人、特定行业专家等为主，这更容易给用户留下深刻的印象。

3. 自成一派的电商风格

快手的主播在带货时往往具有浓烈的个人风格，他们并不是只会高喊"家人们""321上链接"，而是能给用户带来深刻的情绪体验。很多用户在看直播的时候，其实并不是专门去买东西的，对于他们来说，看着主播的各种夸张的表演，就像在看综艺节目一样有趣。出于对主播的认可，用户开始对产品进行了解，于是在潜移默化中就完成了交易。用快手官方的话来说，就是"有趣地逛、放心地选、信任地买"。

经典案例

《看见》：草根文化带来的正能量

2020年5月，快手发布了一条九周年宣传片，名字是《看见》。在这条3分30秒的视频中，快手邀请的up主"冬泳怪鸽"用抑扬顿挫、慷慨激昂的声音，道出了快手文化的精神——"不要冷漠地走入普通人"，用震撼人心的方式，喊出那句看似很俗的"加油，奥利给"。短片推出之后，迅速在网络上走红，收获了众多观众的认可和点赞。

快手的电商战略，也延续了这种精神，让天南海北的人在这里获得温暖。通过商品这一媒介，让人们即使相隔千里之遥，也能找到共同的精神慰藉。快手电商直播间的内在驱动力是商家和粉丝之间的双向信任，这有助于用户获得更好的消费体验。

尽管很草根，也充满了正能量。

1.3 小红书：新鲜有活力的"种草文化"

现在网络上的社交媒体数量众多，各有特色，然而小红书却能迅速走红，在激烈的商业竞争中牢牢地占据一席之地，可见有其独到之处。这也引起了很多人的好奇——小红书究竟是一个怎样的平台？又是一群什么样的用户在玩小红书？

1.3.1 小红书的用户特征

小红书的定位是"生活方式平台和消费决策入口"，因此吸引了很多年轻人分享自己在购物、美妆、生活等方面的经验。根据官方数据统计，目前小红书的月活用户已经超过 2 亿，并且还在持续增长中，其中主要用户群体是一、二线城市的年轻女性，占比高达 70% 以上。她们可能是 Z 世代，也可能是都市潮人、乐享一族，或者是精致妈妈和新锐白领，其中许多是高净值用户。

在商品类目上，小红书用户主要关注的是生活领域，如美妆、服饰、宠物、旅游等，充分体现了当前国内年轻女性消费者的爱好。除此之外，亲子、美食等领域也是小红书用户关注度较高的领域。

在品牌的选择方面，小红书的用户显然更关注品牌的口碑和质量，对高品质、高价格、高口碑的商品更加感兴趣。另外，很多品牌也会选择小红书进行新产品推广，联系流量较高的用户进行试用，而后给出推荐，吸引普通用户对新产品进行抢购和尝鲜，形成了独特的"种草文化"。

随着平台的推广，很多男性用户也加入了小红书，他们关注的产品主要集中在服饰、电子消费品等方面。或许，随着用户群体的不断拓展，未来小红书给人们留下的印象将不再是专为女性而生的种草平台了，男性产品和男性用户等也将出现在其中，如图 1-1 所示。

笔记　🔒 收藏

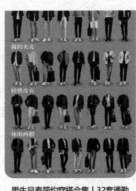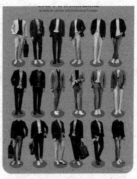

18套男生早春简约通勤搭配丨一周穿搭不重样　　男生早春简约穿搭合集丨32套通勤搭配不重样　　男生休闲通勤西服穿搭丨早春穿西服太气质了

图 1-1　小红书上的男性穿搭图文

可以说，要想在一、二线城市做电商推广，尤其是面向年轻女性用户的产品，就必须重视小红书的潮流趋势。即便不在小红书 App 上进行商业推广，也应该关注一下小红书用户对于同类产品的评价，以便了解用户对于产品的真实看法。

1.3.2 小红书的电商之路

1. 种草社区突出重围

小红书成立于 2013 年，创始人是两位在海外留学的女生，起初只是针对女性用户关注度很高的美妆领域，吸引用户进行美妆用品分享，上线 3 个月就积累了 10 万用户。为顺应好形势，该平台于 2013 年年底又推出了海外购物分享社区，很快又吸引了大批用户，最终在众多竞争对手中脱颖而出。

2. 从种草社区到社交电商

随着用户的增多，流量变现自然而然提上了日程。小红书推出了电商平台"福利社"，并自建了仓储、物流系统，完善了自身的供应链。出于谨慎、负责等原因，小红书会选择社区笔记中曝光率较高的产品，然后通过自建的保税仓发货给用户。此外，小红书还与 Dior、Chanel、Gucci 等知名品牌方合作，完成货源和市场的结合，进一步扩大了自身的影响力。

3. 买手时代到来

小红书的电商之路走得并不顺畅，2023 年 9 月 15 日，小红书宣布关闭福利社，因为很多国外知名品牌已经走入中国，在中国的互联网平台（如天猫、京东等）上开设了旗舰店，天猫、京东等电商也开设了国际跨境进口业务，因此，对于消费者来说，买到国际大牌产品已经不是难事，真正困难的是如何选择产品。因此，未来小红书会选择集中资源和力量，服务更多买手、主理人、商家和品牌在电商方面的发展。

日常分享，击中用户的内心

美甲化妆是很多女性消费者的需求，看着漂漂亮亮的指甲，心情也会非常愉悦。然而美甲也面临很多困扰，如指甲断裂、病菌感染等，处理不好会给人带来极大的痛苦。

在小红书上，也有很多人分享美甲的经验，其中有位 up 主总结了一些美甲避坑指南，获得了很多用户的点赞和认可。

在小红书上，简单地分享一下自己的生活经验，就有可能收获人们的点赞和认可。很多商家也正是利用这种模式，寻找那些粉丝数量较多，或者点赞量较高的用户，与他们进行合作，推广自己的产品。

1.4　寻找对标者，学习优秀账号

在自媒体时代，商家要 get 到用户的核心需求，才能获得用户的认可。对于商家来说，如果对抖音、快手、小红书这些平台不够了解，最简单的办法就是在各个平台寻找对标者。

1.4.1　个人号和企业号

在注册账号时，商家应该想清楚，自己要注册的是个人号还是企业号。

个人号就是普通用户的账号，如图 1-2 所示，如果你没有注册公司，想在空闲时尝试着做自媒体，注册个人号就足够了。

　　企业号拥有更多的营销功能，例如把账号名称改成企业名称，在主页放上联系方式、官网链接、商店地址等。企业可以通过平台宣传品牌，并开通直播，面向消费者直接售卖商品，如图1-3所示。毫无疑问，企业号更有利于打造品牌。

图1-2　抖音个人号　　　　　图1-3　抖音企业号

　　个人号和企业号都有自己的优势，你可以根据自己的情况进行选择。通常来说，个人号更加强调up主的个人形象，例如学历、专业、情商、经历等，而且营销费用很低。企业号则更注重品牌理念、产品特色等，但是通常要付出一定的营销费用、投流费用，才能在短期内触达更多人。

1.4.2　从个人信息开始学习

进入账号的首页，我们就可以发现，优秀的账号在填写个人信息时都会重点写出那些个性鲜明的信息，让人能够对账号产生清晰的印象，如表 1-1 所示。

表 1-1　抖音账号信息示例

账号	主标签	副标签	事件
朱国勇生意经	龙杰传媒·一路听天下创始人	分享 30 年创业实战经验、经济趋势洞察	版权商业模式入选长江商学院教学案例
正骨推拿许医生	专业正骨成都中医药大学	专业治疗难治性颈肩腰腿痛、顽固性头晕头痛、体态不良、骨盆旋移	12 万 + 正骨病例，每天 70 人以上推拿临证实操经验
俞敏洪	新东方创始人新东方教育科技集团董事长	电商优质作者	—
张雪峰老师	考研导师教育领域创作者	讲解院校 / 专业规划知识	—

寻找对标者账号的好处很明显，这些账号都是在激烈的市场竞争中生存下来的，商家可以向他们学习成功的经验，例如账号定位、短视频素材、推销商品的话术等。

1.4.3　寻找对标者账号应该注意什么

寻找对标者账号的方法很简单，商家可以在 App 上搜索账号所在领域的关键词，然后点击"用户"选项，就会发现同领域内的优秀账号。例如，想做美妆类账号，就可以直接搜索美妆，然后点击"用户"选项，平台就会向你推荐许多美妆博主的账号，如图1-4所示。

图1-4　小红书上的美妆账号

此外，我们也可以通过第三方数据平台，寻找行业内的对标者账号，并对对标者的账号进行数据分析，观察他们的涨粉速度、播放量波动、粉丝画像等，如图1-5所示。

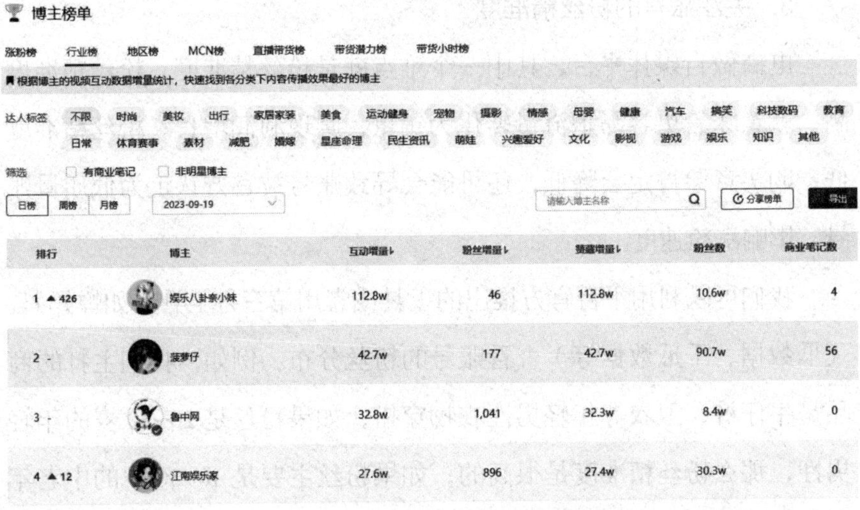

图1-5　蝉小红统计的小红书 up 主榜单

在分析账号的过程中，我们应该有所侧重，重点分析那些涨粉速度快、粉丝精准、成本低的账号，这能帮助我们用更短的时间、更少的成本，吸引更多的粉丝。

1. 找近期内迅速涨粉的账号

有的头部账号注册时间已经很久了，他们的粉丝数量虽然多，但是其中大部分都是以前积累下来的，涨粉速度可能已经慢下来了，对于市场的趋势也未必能够把握得很精准。因此，我们应该优先选择那些新起的账号，尤其是近期内迅速涨粉的账号。

2. 优先关注低成本账号

关注低成本账号的原因有两个：一是如果在道具、视频质量等方面成本较低，却能有极高的点赞数量，说明这些内容是真的能够触动消费者，具有很高的学习价值；二是能帮助我们减少成本。

3. 关注账号的粉丝精准度

电商做自媒体平台，其中一个难点就是粉丝精准度。粉丝精准度高，就意味着更容易把流量转化为销量，实现利润增长。粉丝精准度低，购买意愿肯定会降低，还可能会导致账号被官方认定为低质量账号，影响涨粉速度。

我们可以利用平台官方推出的工具或者用第三方工具（如蝉妈妈、飞瓜数据、千瓜数据等）查看账号的粉丝分布。例如，我们主打的商品是牛仔裤、卫衣等年轻男性衣物穿搭，如果粉丝是 20~30 岁的年轻男性，那么粉丝精准度是很高的；如果粉丝主要是 40~50 岁的中老年人，那么显然粉丝精准度出了问题。

经典案例

简约派的笔记分享

在小红书上，有位年轻的 up 主叫 Mini 陈陈，喜欢分享日常的穿搭，深受网友喜爱。她分享的内容通常形式简单，只有一张单色的背景，没有过多修饰，人物处于画面中央，但是表情亲切可爱，衣物穿搭也让人赏心悦目。

蝉小红数据显示，至 2023 年 9 月 20 日，Mini 陈陈的粉丝数有 32.9 万，而 9 月 19 日一天就增长了 5883 位粉丝；总点赞数为 83.7 万，9 月 19 日增长了 2.1 万赞。

1.5 爆款品牌 IP 建设思路

除了主播以外，品牌也需要人设，这就是品牌 IP。打造品牌 IP，目的是让品牌的形象更加突出，从而更容易被人记住。

1.5.1 建设品牌 IP 的两种思路

IP 可以有很多种形式，人物、动作、台词、动漫形象等都可以作为 IP 被人们铭记，但在电商领域，最被人们熟知的主要有两种，那就是活动 IP 和人格化 IP。

1. 活动 IP

在现实生活中，人们会通过举办各种各样的活动，并赋予活动某种独特的精神和文化，来达到某种目的。例如我们所熟知的奥林匹克运动会，其目的是架设一座沟通世界各国人民联系的桥梁，用竞技来取代战争，这就是一个经典的 IP。

在电商领域，同样会举办各种各样的活动，有的是为了推销产品，提升销售额；有的是为了推广企业文化，增进用户对它的理解。例如"双 11""双 12""6·18"等。

很多带货主播宣称的"节日福利""和厂家谈判，把价格打下来了"，其实也是一种变相的活动。然而这种活动形式被太多主播滥用，以致电商投入了大量的人力、物力，但在活动结束后，热度就立即消失，甚至连活动都没人关注。可见，活动 IP 不能随意使用，电商需要精心规划，让这种活动能够持续下去，并被消费者记住，更重要的是可以传播电商的企业文化，如此这个活动才会变成一个电商专属的 IP 形象。

2. 人格化 IP

人格化 IP 就是把品牌拟人化，像人一样与用户对话。很多品牌专门安排员工运营新媒体账号，在网络上活跃，就像一个普通的用户一样，但是在具体的形象设计上，又明显和普通用户有区别。这种 IP 形象自带亲近感和辨识度，很容易吸引用户的关注。

例如，2023 年 8 月 29 日，华为官方在毫无预兆的情况下，在微博上突然宣布开售新款手机，"京东手机通讯"发了一条"啊！？"的评论，引起了网友们的围观，如图 1-6 所示。

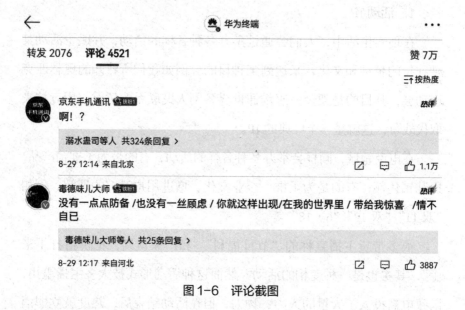

图 1-6　评论截图

1.5.2　打造品牌 IP 的四个步骤

打造品牌 IP，并不是要求我们凭空创造一个原本并不存在的形象，而是根据品牌已有的形象进行演绎。打造品牌 IP 的步骤有以下四个。

1. 确认品牌身份

打造品牌 IP，先要确认品牌的身份，也就是"品牌是做什么的"。

例如上文中提到的"京东手机通讯"，就是专门发布手机相关信息的，因为京东给很多数码爱好者留下的印象，是在电子产品领域做得好，正品货源有保证，售后服务也领先同行。

2. 制定 IP 形象

一个完整的品牌 IP，需要包含多个要素，例如 IP 名称、语言习惯、专业领域、LOGO 形象等，这样才会给人一种有生命力的感觉，而不是像一个没有情感、无法亲近的机器人。一个优秀的 IP 形象，应该具象、容易感知，能够让用户认识，并且喜欢和它互动。

3. 融入品牌文化

品牌 IP 的最终目的是推广企业文化，因此在互动的过程中，需要用一种幽默诙谐的方式发布与行业相关、与企业相关的内容。

4. 保持活跃度

品牌 IP 形象需要和真人一样，尽可能地保持活跃度，每多一次热评，就是一次近乎零成本的品牌宣传机会。要知道，只有不断重复，才能加深和强化人们对品牌的认知，从而使品牌最终走向成功。

肯德基的"疯狂星期四"活动 IP

说起"双 11"，人们会想到淘宝；说起"6·18"，人们会想起京东；而说起"疯狂星期四"，人们会想起肯德基。和前两者一样，"疯狂星期四"没有提到任何品牌名，就像一句口号，但是这句口号中包含了一个情绪浓烈的词语——"疯狂"，因此比较容易被人记住。

2018 年，肯德基就已经推出了"疯狂星期四"这个活动，还请了很多明星代言，然而效果并不好。直到 2021 年，肯德基官方亲自下场，并邀请网友互动，举办"疯四"文学，网友们大开脑洞，创作了很多段子，这才形成了破圈效应。

现在，"疯狂星期四"已经成为一个经典的活动 IP。

第2章 选题策划：

打造个性鲜明的账号

一个好的选题，往往意味着成功了一半，因为选题是内容的核心，也是账号的创作方向。正所谓方向不对，努力白费。选题的好坏，决定了用户是否愿意看你的作品。在平台上，可以看到多种多样的拍摄方式，但是选题的类型并不复杂。我们可以向优秀账号学习选题，从而创作出源源不断的热门作品。

2.1 拼搞笑，生活需要调味剂

抖音、快手、小红书都是娱乐平台，大部分用户选择使用这些平台是为了获得欢乐和轻松，因此拍摄搞笑段子会吸引很多流量。搞笑主要包含讲笑话、做傻事、搞笑情节剧、失误画面等。

2.1.1 创作搞笑段子的基本方法：铺垫 + 包袱

搞笑段子的创作门槛很低，仅靠一部手机就能拍出令人捧腹大笑的作品，但是想要稳定高产，且能一直保持高流量，就必须学习和掌握拍摄方法与技巧。写段子不是脱口秀演员的专利，只要掌握了方法，普通人也能写出令人捧腹大笑的段子。

1. 铺垫 + 包袱

我们常见的搞笑段子主要由两部分组成：铺垫 + 包袱。铺垫就是前面所说的话，是为最后的笑点做准备的；而包袱就是最后点燃笑点的部分。

例如，郭德纲曾经在相声里讲过一句："外边小雨屋里中雨，外边大雨屋里暴雨，有时候雨实在太大了，全家人都上院里避雨去。"

又比如，傅首尔在节目里说："人大部分的焦虑，都是因为占不到便宜。"

通常来说，铺垫和包袱给人带来的情绪是完全不同的。铺垫是向观众提供一个观点，一个事实，一种正常人的思路。当观众接受了这种思路以后，再把包袱抖出来，提供另外一种截然不同的思路。前面的铺垫很正经，很严肃，遇到后面的包袱，就显得荒诞不经。

2. 强化误导

为了增强包袱的喜剧效果，我们可以在铺垫中进行引导，让观众对铺垫中的思路坚信不疑，这样一来，当包袱出现的时候，才会给观众更大的意外感。

例如，在说完一句话以后，特地加上"我发誓如何如何""你还别不信""真的，我告诉你"……这些小短句本身就是一本正经的，当包袱出现的时候，更容易调动观众的情绪，博观众一笑了！

2.1.2　搞笑段子的创作技巧

1. 从生活中取材

要想在抖音、快手上拍出有趣的段子，一个重要的原则就是与生活相关，从生活中挖掘素材，将其中的搞笑情节转化为段子。你可以在一些常见的场景中进行观察，如超市、地铁、公交站台、朋友聚会等，看人们经常遇到的情节，以及这些情节中经常出现的矛盾，然后使用幽默的手法，将其拍成段子。

例如，国内知名搞笑博主"陈翔六点半"拍摄的一个短视频中，就选取了公交车作为场景，前面的铺垫是人们经常遇到的道德困境：没上车的希望司机等等，上车以后却又希望司机赶紧开车。当人们的情绪被调动起来以后，再来一个大反转：原来司机也没上车，喜剧效果瞬间就体现出来了。

2. 从综艺节目中学习

综艺节目非常考验主持人和嘉宾的临场反应能力，因此我们可以从中学到大量的段子创作素材。作为一名段子手，应该时刻关注社会热点、流行词语和各种梗，将它们巧妙地融入台词中。此外，还可以多观看一些优秀的喜剧电影、脱口秀、相声、小品等。

3. 给悲剧套上喜剧的外壳

有句话叫"喜剧的内核是悲剧"，卓别林的喜剧是这样，周星驰的喜剧也是如此，正是因为他们对生活中悲剧的深刻洞察和巧妙演绎，才让他们从众多的喜剧演员中脱颖而出，成为广受认可的喜剧大师。上面所举的"陈翔六点半"的例子其实也是如此。从表面上看，其所拍摄的这些段子是一出出充满了反转的喜剧，但其实它们所包裹的却是对人性道德问题进行无情批判的悲剧内核。

4. 搞笑元素的使用

除了段子以外，在拍摄搞笑视频时，还可以运用一些搞笑元素，如回味悠长的语言、夸张的表情、滑稽的动作、独特的外在形象、特效和配乐等。

抖音经典搞笑段子

（1）女孩子晚上出去跑步健身是很危险的，一不小心就会遇到烧烤摊。真是太危险了，不但没能减肥，反而吃得更胖了。

（2）重要的事情说三遍：微博说一遍，抖音说一遍，朋友圈再说一遍。

（3）放过我吧，我只想做一个与世无争的垃圾，但是没想到垃圾也开始分类了！

（4）长得丑的孩子就得比别人更努力地奔跑，因为跑得快了别人就看不清你的脸了。

（5）你这病很严重，但是还能治，不过需要很多钱。——医生的三句话，能让你感受到人生的波澜起伏。

（6）真正的有钱人是很低调的，光从外表是看不出来的，就拿我来说，虽然我经常骑个破自行车上街，但谁又会知道我家里还有一辆电动车。

（7）假如生活欺骗了你，不要悲伤，不要心急，多骗几次你就习惯了。

2.2　拼颜值，用优质形象打动观众

爱美之心人皆有之，颜值高的人总是能够吸引很多人的目光，因此他们在社交平台上更容易吸引粉丝。如果能够利用这一点，经营电商的成功率将会大大提升。

2.2.1　高颜值天生就很值钱

有人说，这是一个看脸的时代。只要拥有高颜值，即使什么才艺都不会，单往那儿一站，也能迅速吸引观众。可以说，美女和帅哥的颜值，本身就是一种资源。打开抖音、快手和小红书，我们可以很轻易地看到一个个俊男美女，这说明平台也认可这一逻辑。颜值高的人不仅容易吸引别人的眼球，还能获得别人的赞美和羡慕，用一个梗来说就是："糟糕，是心动的感觉。"

自从抖音、快手和小红书上线以来，很多博主靠颜值迅速走红，甚至达到千万粉丝，而后开直播、接广告、带货，进军电商行业，成为新时代的商业黑马。很多企业没有直播经验，于是在网上联系这些颜值博主，与他们达成合作。颜值博主们帮助企业推销产品，而企业向后者支付坑位费、提成等。可以说，这是一个双赢的局面。

也有一些企业，决定亲自进军直播行业，搭建自己的直播阵地。在招聘主播时，企业往往更愿意招聘颜值较高的人担任主播，也取得了不错的效果。在高颜值和优质货品的双重加持下，顾客会更愿意买单。

2.2.2　拼美感，让画面更有韵味

除了主播的颜值以外，还可以从视频的"颜值"入手，用具有美感的视频和文案来打动用户。

1. 采用专业的拍摄设备

想要提升视频画面质量，最简单的方法就是使用专业的相机和摄像机，并搭配高品质的镜头。如果只能使用手机直播，那么也应当注意选择视频拍摄效果更好的手机，并对视频进行调色，来达到更高的效果。

2. 选择合适的拍摄场景

在直播带货时，大多数主播会把直播间装扮成商场促销的模样，以突出销售的场景。但是同样类型的直播间太多了，容易引起审美疲劳。因此有些主播会通过做一些细节上的调整来显示自己的与众不同，如更高清的画质、更精致的道具、更优美的背景等。

例如，抖音博主"疆域阿力木"，选择在户外拍摄直播，以新疆优美的自然环境作为背景，甚至美得不真实，让网友的疑惑"你这背景太假了"一度登上热搜。

3. 精心搭配音乐

根据受众定位，选择合适的背景音乐，通过音乐的节奏来引导观众的情感。选择有质感的音乐，能够与视频画面互补，让观众同时获得视觉和听觉的美感。

4. 后期剪辑

后期剪辑也可以提升视频质量，使得视频看起来更专业、更具视觉冲击力。例如可以通过剪辑调整画面的对比度、亮度以及增加转场、

添加字幕等，来更好地表现视频的质感。

"人间仙境"李子柒

李子柒是一位很火的博主，她用视频拍摄出了一种"结庐在人境，而无车马喧"的田园生活，因此广受好评，甚至在国外也拥有大批粉丝。

她的视频极其强调美感，从画面、文案到音乐，每一个元素都充满了对美的追求。在她的视频里，我们能看到山间清晨的薄雾、池塘边摇曳的绿荫，以及手工酿酒、种花等，这些元素共同构成了一幅世外桃源般的美景。

2.3 拼技能，用手艺赢得关注

在现实生活中，想要走上人生巅峰，需要有背景、学历、颜值等资源，但是在抖音、快手、小红书上，哪怕你一无所有，也可以凭借自己的手艺征服观众。

2.3.1 手艺人也能吸引用户

如今的抖音、快手和小红书，已经发展成为充满活力和创造力的社交媒体平台，越来越多的人选择在平台上展示自己的手艺，赢得用户的关注。靠本事挣钱，这并不是耻辱，反而会受到人们的尊重。

正所谓"三百六十行，行行出状元"，才艺并不局限于唱歌跳舞，只要你有一技之长，都可以通过网络尝试着发布作品。观众对于手艺人是十分宽容的，因为手艺人在用一手绝活和一腔热情，服务着街坊邻居，而且有些手艺还濒临失传。手艺人的视频，可以让观众看到自己从未近距离接触的行业，满足了他们的好奇心。

手艺包括很多种，例如汉服、汽车维修、美容美发、机械、电焊、制陶业、刺绣、茶艺、编织、建筑业、面包糕点、家电维修、木工、美妆、珠宝制作、家居家装、皮革制作、美食烹饪等。

2.3.2　手艺人如何玩转网络

平台对于民间的手艺人是十分支持的，例如快手发起的"新市井匠人扶持计划"，抖音上也有很多手艺人成为大 V。那么，手艺人应该如何经营社交平台呢？

1. 把内容完整呈现出来

假如你是做面包的，那就专注于介绍面包的制作流程；假如你是杀鱼的，就把杀鱼的画面拍好。世界这么大，网友的口味也多种多样，总会有人喜欢你的工作，因此将内容完整呈现出来是吸粉的关键。手艺人在制作内容时要注意两个方面：一是专注于某一行业，让人看一眼就能知道你是做什么的。二是手艺人本人要出镜，哪怕没颜值，也要自信地展示自己，这是专属于手艺人自己的个人符号。

2. 提供有用的教程和指导

很多手艺看似与人无关，其实最终都是为人服务的。在拍摄过程中，手艺人可以分享自己的经验和知识，教观众如何掌握某种才艺技能，为他们提供有价值的帮助和指导。这样可以吸引更多的观众，增加粉丝的忠诚度和黏性。例如：好物分享、开箱测评、护发经验、穿搭教程、美食探店、健身技巧、高效办公工具、职场攻略、读书分享、电影解读等。

3. 会讲故事更加分

故事容易让人产生情感共鸣，因此，手艺人可以从产品故事、人物故事等方面入手玩转网络。例如，讲述一门技艺是如何发明的，或者自己的学习经历，又或者把自己的个人经历讲给观众听，与观众进行互动，这是赢得粉丝和观众的关键。

经典案例

"手工～耿"的"无用良品"

"手工～耿"初中毕业之后就出去打工了，他曾经做过搬运工，也做过洗车工，但是他最擅长的是电焊。后来，"手工～耿"回到家乡，每天守着一大堆工具，琢磨着如何发明一些有趣的小东西发到网络上，一段时间后，还真发明了一些"工具"。例如，长得很像锯子的钢铁梳子、可移动的钢琴烤肉机、打农药的机甲、弹脑瓜崩辅助器……这些有趣又夸张的发明，被人们笑称为"无用良品"，然而也正是这些发明，让人们看到了奇思妙想的魅力，莫名的喜感给网友留下了深刻的印象，也让"手工～耿"爆火全网。

2.4　拼情商，人生离不开正能量

情商（Emotional Quotient），被用来衡量一个人掌控情绪的能力。在直播过程中，高情商可以帮助主播更好地理解观众的需求，从而进行更友好的沟通，建立起与观众之间的信任关系。

2.4.1 高情商主播的几大特质

有句话是这么说的，"智商决定下限，情商决定上限"。在人与人打交道的过程中，情商发挥着极其重要的作用，而对于主播来说，情商的高低更是能够直接决定他们直播生涯的高低。

就像高颜值会吸引观众一样，高情商同样会吸引观众，而且一旦吸引，就很容易成为铁粉。"始于颜值，陷于才华，忠于人品"，直播间最重要的就是互动，要想快速、高效地提升粉丝的数量，主播们就必须学会高情商互动，以更好地留人。

高情商的主播，通常都会有以下几种特质。

1. 态度友善

俗话说，"伸手不打笑脸人"，因此，主播应始终以友善、真诚的态度面对观众，用语文明大方，并避免使用不当言辞或者粗俗语言。而且，即便是成名已久的大主播，也不能轻易对观众发表恶言恶语，否则很容易陷入风口浪尖。相反，主播应当尊重用户的意见，和用户心连心，这样才能让观众不离不弃。

2. 语言表达能力强

作为一名主播，尤其是带货主播，语言表达能力是必修课。在直播中，主播需要用富有感染力和亲和力的语言简短、清晰地说出产品的优点，同时与观众亲切互动，引发观众的情感共鸣。

3. 专业素养高

对于一名主播来说，只有具备专业知识和技能，才能为观众提供高质量的直播内容。因此，定期学习和提升自己的专业素养，可以为观众带来更有价值的直播体验。

2.4.2　主播提升情商的小技巧

情商是可以锻炼的，很多主播其实原本并不擅长沟通，只是在长期的直播过程中逐渐学会了如何表达。

1. 做个积极的乐天派

想办法让自己乐观一点，无论遇到什么事，都要在镜头前摆出一副无所谓的样子。当你积极乐观时，观众也会被你的情绪带动。不要时不时就在直播间里大倒苦水，人类的痛苦是不相通的，抱怨多了，反倒会让观众产生反感，让观众流失。情商高的人，通常会试图最大限度地理解和体察别人的痛苦，他会有同理心，但不会强迫观众用同样的方式来对待他。所以，情商高的人不会遇到问题就絮叨个没完，不会把负能量传染给别人。

2. 学会无视恶意评论

直播间里偶尔会出现恶意评论，例如，嘲笑主播长相丑，批评主播卖的是劣质产品等。遇到这类评论，最好的方法就是无视。作为主播，你不可能满足所有人的要求，总有一些人会对你感到不满意。选择无视，这些恶评很快就会淹没在评论的汪洋大海里。正面回应，反倒会引起观众的好奇心。

3. 记住观众的名字

努力记住那些经常出现在直播间里的人，经常和他们进行互动，了解他们的近况。例如："××大哥，好久不见，最近在忙什么？""××同学说他下午要考试，祝你考试顺利哦！"……粉丝就是这样一个一个积累下来的。

4. 学会自嘲

自嘲也是一种高情商的表现，它需要有强大的内心以及高超的幽默感。主动把自己犯的错编成一个段子，讲给观众听，不必等到某些观众扬扬得意地在直播间里揭露自己，主动说出来，反倒能让观众觉得你内心强大，待人真诚，有个有趣的灵魂。

经典案例

董宇辉的高情商

董宇辉曾是新东方的一名老师，之后跟随俞敏洪一起进军直播行业，独树一帜的直播风格，为他带来了很多粉丝。很多人被董宇辉的学识所折服，但是真正让董宇辉在直播界站稳脚跟的，是他极高的情商。

当网友们纷纷讨论"董宇辉超越小杨哥"时，董宇辉却说："我没有超越，大家也是希望我更好，他（小杨哥）让人轻松快乐，我也会向他学习！""当所有人骂你的时候，你要记住，可能你并没有他们所说的那么差。当所有人都夸你的时候，也请你清醒地记得，你也没有那么好。"

当网友吐槽他的长相时，他回应道："你说我眼睛小，我说万物皆有裂痕，那是光照进来的地方；你说我脸方，我说这是贵族的陕西兵马俑血统；你说我长得丑，我说你说的是对的，说明你有正确的审美，你得坚持自己的认知啊。每一个天使都爱美丽，所以我才懂得你的珍贵。"

2.5　拼时效，热门话题蹭一波

　　蹭热点是一个常用的增长流量的方法，通过参加热点，能够让主播们迅速参与进人们最关注的领域。那么，有哪些热点可以蹭？又如何蹭热点呢？

2.5.1　可以蹭的那些热点

　　热点就是最近平台上很受关注的一个点，它可能是很火爆的一个事件，也可能是一首音乐，又或者是一套独特的舞蹈动作等。

　　1. 热点事件

　　抖音、快手和小红书本质上都是社交平台，人们会在平台上针对某些事件发表自己的观点。碰到某些热点事件时，主播们也可以参与进去发表自己的看法，或者模仿热点事件中的某些动作拍成搞笑视频。

　　2. 热门音乐

　　在抖音和快手上，每隔一段时间就会出现一些热门音乐。如果这些歌曲的风格与你的视频风格比较搭配，就可以选用这些音乐作为视频的背景音乐。

　　3. 热门段子

　　一个段子火了，就会有无数人模仿，然后为这个段子带来更大的热度。有时甚至会发生原创作者没火，模仿者反而火了的现象。

　　4. 热门文案

　　使用热门文案进行创作，成本相对较低，而且效果也很不错。主播可以把这个文案引用到自己的视频标题中，也能够吸引很多流量。

5. 官方热门活动

有时，平台官方也会推出一些热门活动，例如小红书的笔记灵感、社区活动，抖音的挑战赛，快手的电商活动等。

6. 热门话题

热门话题和热点事件比较相似，主播可以在发布视频的时候输入"#"来查找平台推荐的热门话题，从中选择一个比较适合的作为自己的视频话题。

2.5.2 如何正确蹭热点

蹭热点也讲究技巧和节奏，新手主播最容易犯的错误就是不讲究技巧地强行蹭热度，这种行为很容易让人反感。因此在蹭热度的时候，主播们应该留个心眼。

1. 注意社会影响

需要注意的是，主播的言论应当符合社会的普遍共识，应尽量避免发表违背公序良俗的评论，时刻给观众留下正能量的印象，而不是向观众传递不正确的观点，影响自己的形象。作为主播，要时刻谨记，自己的任务是带货，而不是道德审判。

2. 了解热点趋势

做电商直播，必须时刻关注当前社会的热点事件和热门话题，了解新闻媒体、社交媒体的行业动态，这样才能把握当前社会的流行趋势，避免蹭错热点。

3. 选择适合的热点

对主播们而言，没有必要把所有的热点都蹭一遍，只需要筛选那些与受众兴趣相关的内容即可。例如，如果受众是 20 岁的学生群体，那么在筛选热点时，就应当从 20 岁年轻人感兴趣的地方入手。

4. 加入个人特色和创意

在蹭热点时，也可以对细节做一些改变，使视频看起来有新鲜感。例如，对于一个有关身体健康的热门话题，主播们可以从健身、药物、饮食等角度出发，给出自己的建议。这样做出来的视频，既可以蹭到热门话题的流量，还可以避免内容同质化。

用科普的形式蹭热度

每一年的诺贝尔奖评选环节都会引发社会的高度关注。2023年的诺贝尔物理学奖公布之前，中科院物理所在抖音发布了一条视频，用时间线的方式帮助人们回顾了几位如雷贯耳的诺贝尔物理学奖得主的名字，如爱因斯坦、普朗克、居里夫人等，并向人们介绍了他们所做出的贡献。该视频使用的背景音乐大气磅礴，文案也同样气势恢宏，非常符合人们对于科学家们探索未知的敬仰和崇拜的心情。

2.6 拼反差，收割流量很轻松

当人们习惯了正常的套路时，突然一反常态，给人们提供一种完全相反的剧情，大家往往会感到惊奇、诧异，进而感到惊喜。这就是反差感带来的效果。

2.6.1 不按套路出牌，也是一种套路

相信许多人一定有过这样的经历：想在抖音、快手、小红书上成为网红，于是便用短视频、图文的方式记录自己在日常生活中遇到的事情，自以为这些内容很有意义，满怀期望地等着数据暴涨，但是却始终不温不火。

在抖音、快手、小红书进行短视频／图文创作，关键在于吸引用户的关注。柴米油盐是人们每天必不可少的，但也正是由于过于熟悉，人们已经对这些东西失去了兴趣，人们希望从网上看到一些不一样的东西。

很多时候，账号之所以不涨粉，是因为缺少一个讨喜的人设。反差感就是这样一种工具，它足够吸引眼球，给人留下深刻的印象。例如，一对夫妇，女的特别漂亮，男的特别丑，这时就会有很多人感到不可思议，他们会在评论区里评论道："这个男的肯定是上辈子拯救了宇宙。""我想了半天也不明白自己输在哪里。"说白了，人们或许一开始并不喜欢作者的形象，但是出于好奇心理，仍会有很多人坚持看下去。

不走寻常路，其实也是一种套路。因为这样能引起话题，你颠覆了观众们的认知，就会有人在评论区说出自己的感受，这种感受会引起其他观众的共鸣，于是评论区就热闹了起来。例如前文中提到的"疆域阿力木"，他在新疆直播带货已经有几年时间了，就是因为某次直播给人们带来的反差感才火起来的。他是一个二十多岁的年轻人，直播时看起来却像个中年人，这是一种反差；皮肤黝黑的他，和背景里的山清水秀，又是一种反差。可以说，他的走红，就是一场意外。

2.6.2　反差感就是颠覆固有认知

站在营销的角度来看，互联网时代，越是能够颠覆人们的固有认知，越是能够引发人们的讨论，这种内容就越容易获得流量。制造反差感，就是为了让人们能够看到日常生活中不常见的事物。如果能通过反差感，给人带来萌、搞笑、惊奇等感觉，就离成功不远了。

那么怎么制造反差感呢？可以从以下几个方面入手。

1. 造型反差

从造型入手，制造反差感。例如，有的人颜值不错，但是颜值高不代表一定能火，抖音、快手、小红书上也有无数默默耕耘却出不了头的俊男美女。于是，为了出名，有人就另辟蹊径，刻意扮丑，先给人留下一个颜值低、恶趣味的印象，引起大家的注意后，再以帅气的形象示人，给人一种强烈的反差感。

2. 言行反差

一个看起来很严肃的人，却做出非常搞笑的动作；又或者是看起来很高雅的人，却丑态频出，都会给人留下深刻的印象。

3. 梗的二次创作

有些梗已经在人们心里形成了共识，在进行二次创作时，打破常规，制造出完全不同的结果，把老梗玩出新意，也是一种反差。

如今，很多商家在经营自媒体账号时都开始重视反差萌人设的力量。例如，有的账号会传递一种佛系的价值观，有的会替网友说出疑惑，还有的会拿自己的品牌打趣，等等，一般都能取得很好的效果。

"极致土味"和"国际时尚"的反差

抖音上有位博主叫"氧化菊",她是一位玩反差的高手,被网友们称为"用最时尚的脸穿最土味的衣服"。在人们的印象里,极致土味和国际时尚似乎天生就是一对不可调和的产物,但是在"氧化菊"的视频里却做到了二者的和谐相处。通常,她首先会选择一些比较随意的场景,例如高粱地、野草地,将土味十足的尿素袋、春运麻布袋、东北大花布等改造成大牌高定那样的样式,让土味元素也焕发出时尚感。这一前一后的强烈反差感,让人们对她的才华很是佩服。

第**3**章 实战技巧：创作真的很简单

抖音、快手、小红书上的热门视频/图文笔记，并不是凭空产生的，它们的创作大多有着成熟的套路和方法。如果你想做出爆款作品，不妨将作品分为脚本、构图、运镜、文案、标题、封面等模块，从多个角度提升作品的质量。

3.1 短视频脚本三段式

短视频作为一种媒介，可以传递文字、画面、声音等信息，与图文相比，优势显而易见，因此各个电商平台都很重视短视频。那么，如何设计一个爆款视频的脚本呢？我们不妨将其分成开头、中间和结尾三部分去看。

3.1.1 开头：吸引用户留下来

短视频的开头至关重要，如果开头没有吸引力，用户就很难继续看下去。如何设计好视频的开头呢？通常有以下几种方法。

1. 戳痛点

对电商来说，拍摄短视频就是一种营销行为，希望用视频带货，所以最好用的方法就是戳痛点。目标用户最关心什么，就在短视频的开头说出来。例如那句经典的广告语——

"孩子咳嗽老不好，多半是肺热，快用葵花牌小儿肺热咳喘口服液。"

目标用户是孩子家长，产品功能是止咳，痛点就是"孩子咳嗽老不好"。简单、明确，一句话就把问题说清楚了。

2. 场景式提问

设置一个场景，提出一个问题，引发用户的思考。例如某家服装店拍摄的短视频——

画面：模特拿起一件陈旧款式的衣服，脸上露出苦恼的表情。

画外音："天冷了，你还在这样穿吗？"

意思就是告诉观众，"快来看看我们的新款式吧"。

又比如，某数码博主在评测几款折叠屏手机时使用的视频开头——

"手机的未来形态是什么样的？"

3. 直接夸产品

不拐弯抹角，一边展示产品，一边卖力夸赞。例如——

"这是我见过最好看的衣服了。"

"你一定不能错过这么好吃的零食。"

"×× 厂家真是太会做美食了。"

销售夸产品，永远都是最好用的销售话术。

3.1.2　中间：向观众传递信息

视频中间部分，是视频的主要内容，需要向观众传递有用的信息。

1. 罗列亮点

想要让视频中间部分出众，最简单实用的方法，就是把产品的各项优势一条条罗列出来，搭配画面进行展示，亮点 1、亮点 2、亮点 3……产品种类不宜介绍太多，亮点也不需要说太多，以免观众觉得烦琐，记不住。

2. 提供解决方法

如果在开头提出了疑问，此时就应该把解决方法说出来。针对用户的痛点和困惑，你准备怎样帮助他们？

3. 传输价值观

有的商家拍摄视频，并不是为了介绍某款产品，而是介绍品牌，此时就应该把品牌的价值观说出来。其间可以加入用户使用产品时的画面，表明品牌可以为用户提供哪些方面的服务。

3.1.3　结尾：视频总结

1. 引导互动

在视频结尾部分，可以通过设置引导互动的话术来吸引用户点赞、评论、下单。例如——

　　"还等什么呢？快点下单吧。"

　　"现在购买还可以享受八折优惠。"

　　"点击屏幕链接，即刻拥有 ×××。"

2. 强调效果

告诉用户，使用了你提供的产品以后，会有什么好处。例如——

"坚持服用 ××，让肌体重回年轻。"

3. 升华主题

通常使用肯定性的口号，融入品牌的价值观，以便获得观众的认同。可以使用励志话语，或者呼吁粉丝一起行动，又或者是给予祝愿。例如——

"相信你，就是最美的。"

"对自己更好一点。"

短视频脚本创作模板

表 3-1 是一张分镜头表格模板，创作脚本时，可以按照这个表格将脚本、画面、音乐一一对应，让创作更加方便。

表 3-1　脚本模板

序号	画面内容	镜头角度	台词	音乐	时长	备注
1						
2						
3						
4						
5						
6						

（续表）

序号	画面内容	镜头角度	台词	音乐	时长	备注
7						
……						

3.2　短视频拍摄构图技巧

学会构图可以更好地呈现画面，突出画面的重点，弱化杂乱无章的部分，使画面看起来更有层次感。摄影构图有很多种，想要把它们全部学会并不容易，但是作为电商从业人员，学会几种常用的构图方式便可以明显提升视频效果了。

3.2.1　分清主体和陪体

1. 主体

主体是画面中的主要表现对象，也是拍视频时需要重点关注的，在画面中起主导作用。有了主体，观众才知道视频想要表达什么。例如，一款沙琪玛的视频中，沙琪玛就是主体，观众看到视频以后，就知道这款沙琪玛的大小、色泽、配料了。

2. 陪体

如果画面中只有主体，看起来就未免太单调了。而陪体就是用来衬托主体的，适当地使用陪体，可以使画面色彩更丰富。例如，拍摄一款水果沙琪玛，可以使用牛奶作为陪衬，再加上草莓、蓝莓等颜色鲜艳的水果，沙琪玛看起来会更美味可口。

综上所述，主体是画面的重点，而陪体只能作为陪衬，不能影响主体的表现。在拍摄的时候，可以把陪体弱化。例如，只拍摄陪体的一部分，让它像背景一样成为衬托；或者用大光圈镜头聚焦在主体上，让陪体变得虚化，这样画面就有层次感了。

3.2.2 常用构图技巧

1. 中心构图

这是最简单的构图方法，把主体放在画面正中间，一眼就能看到，同时利用周围的环境作为衬托，如图 3-1 所示。

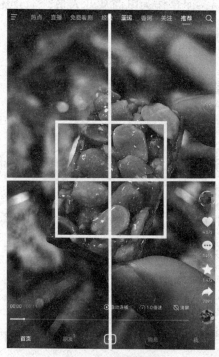

图 3-1 中心构图

2. 九宫格构图

在使用手机拍摄时，可以打开相机设置中的九宫格，然后将被拍摄的主体放置在连线的焦点处，如图 3-2 所示。使用九宫格构图方法拍摄的画面，很接近"黄金比例"，不仅美观，而且拍摄简单、不复杂。

3. 三角形构图

优秀的摄影构图，会给人一种稳定、均衡的感觉，直接影响受众的审美。我们知道三角形具有稳定性，因此使用三角形构图拍摄出来的画面，会在视觉上给人一种稳定的感觉，如图 3-3 所示。

图 3-2　九宫格构图　　　　　图 3-3　三角形构图

4. 对角线构图

对角线构图是建筑和美术工艺设计中常用的手法，看起来有立体感、延伸感和运动感，如图 3-4 所示。

5. 水平构图

把主体放在一条水平线上，会给人一种宁静、淡雅的感觉，如图 3-5 所示。

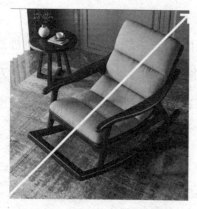

图 3-4　对角线构图

图 3-5　水平构图

6. 垂直构图

把主体垂直放置在画面中，会使整个画面更有生机和形式感，如图 3-6 所示。例如日常生活中经常看到的树木、高楼、栏杆等。

7. 框架构图

使用生活中的某些元素作为一个天然的框架，例如门窗、洞口、栅栏、树枝等，把画面的主体包住，可以营造出一种独特、神秘的氛围，如图 3-7 所示。

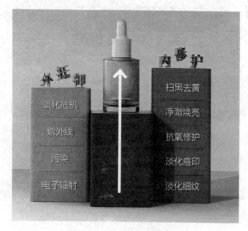

图 3-6　垂直构图

图 3-7　框架构图

3.3　简单实用的运镜方法

学习了画面构图，还要学习如何让画面动起来。在观看电影的幕后花絮时，我们会看到摄影师经常带着摄影机移动，这就是运镜。合理地使用运镜技巧，可以使短视频代入感十足，让人沉浸其中。下面介绍几种常见的运镜技巧。

1.　推

在拍摄的过程中，镜头缓慢向前推进，靠近物体，呈现在画面中的效果就是物体逐渐放大，观众的视线也会随着镜头的推进逐渐聚焦在物体上。例如，在拍摄人物时，使用推镜头可以使画面逐渐聚焦在人物的面部表情上，可以有效烘托氛围，渲染人物的情绪。

不断地推进，靠近拍摄主体，使其在画面中的比例逐渐变大。这种运镜技巧能够起到聚焦、突出拍摄主体的作用。比如要拍摄一个人物，镜头向前推进的过程中，人物在画面中的比例逐渐变大，让人物更突出。

2.　拉

推镜头是使画面逐渐靠近物体，而拉镜头则是使画面逐渐远离物体。拉镜头能够起到交代环境、突出背景的作用，让观众把注意力从物体逐渐过渡到周围的环境上，增加画面的氛围。推镜头会使情绪趋向于紧张，而拉镜头可以缓和氛围，所以拉镜头常常被用于转场镜头。

3.　移

摄像机在水平方向上按照一定的轨迹移动，这就是移镜头。移镜头可以是横向移动，也可以是纵向移动。比如，在拍摄草原、湖泊等自然风光时，可以采用横向的移镜头，以便突出大自然的辽阔感；而在拍摄建筑、山峰时，可以采用纵向移动，以便突出物体高大、一眼望不到顶的感觉。

4. 环绕

环绕物体进行拍摄，就是环绕运镜，通常是围绕物体180°或360°，将物体的前后左右全部收入镜头中，呈现出立体的感觉。但是这种运镜方式比较困难，通常需要搭配器材使用，还要控制好移动的速度，尽量保持匀速环绕。

5. 摇

摄像机的位置不变，但是镜头摇动，上下或左右旋转。例如，我们站在原地，拿着手机绕了一圈，拍摄出来的效果就是摇镜头。这种运镜技巧通常用于介绍周围的环境，表现人物环视一圈的效果。

6. 跟随

物体移动时，镜头跟着一起移动，物体在镜头中的位置相对稳定。例如，当人在奔跑的时候，摄像机也跟着移动，镜头始终对着人物的面部。跟随镜头的运用，会让观众在看视频中奔跑的画面时，感觉自己也在跟着主角一起奔跑一样。

7. 升降

升降是指摄像机一边升降、一边拍摄的运镜方式。很多人在使用无人机拍摄自然风景时，喜欢使用升降镜头，例如无人机从与人平齐的位置一边往远处飞，一边提升高度，将周围的山川风光展现出来。

8. 无运镜：固定机位拍摄

运镜是需要技巧的，如果没有专业的摄影团队，不知道如何运镜，也可以采取固定机位拍摄。很多博主都采用了固定机位拍摄，也都拍出了很受欢迎的视频。如果只有主播一个人拍摄，那么就可以购买一个手机支架，把手机放在支架上，主播自己站在手机前进行拍摄即可。在拍摄时，可以使用前置摄像头进行拍摄，以方便观察画面内容，避免人物走出镜头外，但要注意前置摄像头的成像质量。假如有人帮忙，就可以使用手机后置摄像头，以获得更好的成像质量。

固定机位拍摄虽然弱化了视频的技术效果，但是却可以让观众将注意力集中在主播身上，更加关注主播想要表达的内容。

不一样的固定机位视角

在拍摄时，主播可以尝试改变手机的拍摄方向，呈现出一种特殊的拍摄角度，而不是正襟危坐，从而给人带来一种不一样的感觉。

如果是正视镜头，那么观众显然会认为作者是在和自己对话。

3.4　图文笔记的创作要点

通过图文笔记分享好物，是小红书的经典玩法，抖音和快手也在跟进。那么图文笔记有哪些优势，如何才能写出爆款图文笔记呢？

3.4.1　图文笔记的优势和劣势

我们知道，短视频包含了画面和声音两部分，而图文笔记只有画面，没有声音。短视频提供的信息更多，可是短视频的兴盛，并没有摧毁图文笔记的生存空间，依然有很多人喜欢图文笔记这种信息呈现形式，充分说明了其有无法替代的优势。

优势 1：图文笔记更加直观。打开图文笔记后，我们可以快速扫一眼，将整篇笔记浏览一遍，看看里面是否有自己感兴趣的部分。相比之下，短视频需要你一秒一秒地从头看到尾，才能知道它究竟说了什么。所以很多人更喜欢图文笔记。

优势 2：图文笔记的制作成本更低，只需要拍摄图片，再搭配文字，最后排一下版即可发布。想要拍好短视频，成本就高得多了，也更耗时。对于内容初创者来说，选择图文笔记可以节省很多成本。

优势 3：小红书平台的扶持。小红书就是靠图文笔记发家的，尽管现在也开始做短视频，但是多年以来积累的用户还是更习惯看图文形式的内容，因此平台对图文的扶持更多。

当然，图文的劣势也很明显。

劣势 1：由于成本较低，难度也不高，所以更容易被模仿。一篇笔记火了，立马就会出现一堆模仿者，同质化现象严重。这导致了图文博主的涨粉速度较慢。

劣势 2：图文笔记有字数限制，最多 1000 字，只能大致介绍一下产品，无法深度展现产品的各种细节。

劣势 3：短视频用户比图文用户更多，因此在抖音和快手上，图文笔记的转化效果比不上短视频。

3.4.2　图文笔记的创作要点

1. 要更美观

颜值就是第一生产力，人的颜值很重要，图片的颜值同样也重要。

因此要使用高清图片，背景、道具也都要精心挑选，营造出氛围感和美感。

2. 要更简洁

图文笔记有字数限制，所以要尽量写得简短一些，让人一眼看过去就能找到重点内容。所以排版的时候要分好段落，可以适当使用表情符号、标题、字体、段落、颜色等元素，让分段更明显，如图 3-8 所示。

2 被子材质
1 蚕丝被
☆☆☆☆☆
蚕丝被分全蚕丝和混合蚕丝的，价格和保暖性相差很多，市面上也很多以次充好的。我这个是纯蚕丝的，捏起来感觉里面是柔滑柔滑的，比较重，保暖好，不会漏风

1 玉米被
☆☆☆☆
今年跟风买的，玉米纤维的，以为是智商税，到手真的很惊艳，很软很软，像盖着一坨棉花糖，实物比照片蓬松，整张被子都可以机洗，不会发霉。重量比较轻，喜欢那种压迫感的姐妹可能不喜欢

图 3-8　利用元素分段

3. 要更精准

写图文笔记，尤其是小红书的图文笔记，需要精准导向。博主需要在头图里就设置好清晰的内容或标签，让浏览者在主页就能看见你想表达什么。

在写正文之前，可以先搜索一下相关的标签，按照阅读量对笔记进行排序，然后从中提取关键词，看看有哪些关键词和你的内容比较匹配。在你的笔记文字中，将这些关键词植入进去，这样更容易被人搜索到。

超有料的 App 分享

博主"APP 超有料"是专门分享各类好用 App 的,他在一篇笔记中介绍了一款 App,获得了 12 万赞和 7 万收藏。头图中写着"聚会逃跑神器";笔记内容则介绍了 App 的功能和使用方法;标签是"社恐""饭局"等,定位直指当代社恐年轻人,十分精准;正文里是对 App 功能和亮点的详细描述。

3.5 七种图文笔记模板

和视频、直播相比,图文笔记的形式比较固定,主要是由几张图加上一篇文字组成,因此形成了几种特定的模板。在创作图文笔记时,可以参考这些模板。

1. 清单帖模板

创作一份清单,内容可以是"想做的 ×× 件事"或者"×× 个愿望清单";正文中写出自己为什么要列这份清单,或者这份清单对读者有什么价值,模板如图 3-9 所示。清单帖传递的信息较多,不方便用图片表达,使用文字清单更加简洁。

2. 推荐帖模板

推荐一款或几款产品,这是小红书最常见的图文笔记,如图 3-10 所示。抖音、快手中的很多博主也喜欢将自己买到的东西拍照上传,并写下自己的使用心得,只是在排版上和小红书不一样。

图 3-9   清单帖模板

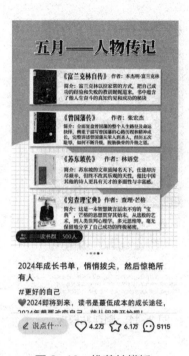

图 3-10   推荐帖模板

3. 测评帖模板

专门针对某款产品进行评测，从外观、材质、功能、使用体验等方面入手，向观众讲述产品的方方面面；或者将同类型的几种产品放在一起进行比较，并给各个产品进行打分，如图 3-11 所示。

4. 教学帖模板

专门讲述某些领域内的课程，如美妆、运动健身等，需要将各种细节和注意事项写上，帮助粉丝们更好地完成课程，如图 3-12 所示。

图 3-11　测评帖模板

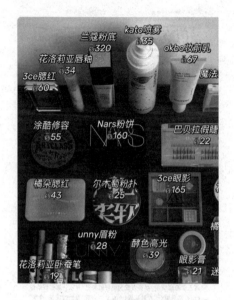

图 3-12　教学帖模板

5. 科普帖模板

科普帖模板主要用于普及科学知识，或者提出某些猜想，如图 3-13 所示。由于小红书上的用户大部分关注的是生活日常，因此可以从生活的角度去普及科学知识，让科普帖更具实用性。

6. 避坑帖模板

揭示新人可能遇到的各种陷阱，并且分享一些成功购物的秘诀和避坑指南，如图 3-14 所示。如果是商家自己运营账号，建议在发布避坑帖的时候，不要提及其他品牌的负面信息，以免构成不正当竞争。

能保命的生活常识

1. 冰箱里的 🧊 不要用刀刮，会破坏冷冻室内壁，导致制冷剂泄漏，有可能会 💥

2. 做饭时不要把手机放旁边，手机里是锂电池，遇见明火高温 💥

3. 吃 💊 时不要用果汁代替水服用，果汁里含有活性酶，容易影响药性，绿豆汤也不可以，绿豆有解药性 🫘

4. 不要把表面结冰的冷冻食品直接放入油锅，热油遇水会四溅，容易烫伤

5. 身上喷有防晒霜，再去涂花露水的话，很容易引起过敏反应 🌸

人生新手村 粉 221人

搜集了全网女孩应该知道的保命的生活常识😌
#浪漫生活的记录者
真的建议所有女孩都应该多学一些生活常识，才能避免一些危险的发生，有的时候很常见的事却不知道是错误的做法 🌀

图 3-13　科普帖模板

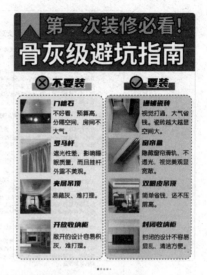

骨灰级避坑指南 ✏️第一次装修要避开的坑！
未装修的朋友注意啦！
装修一定要看图上这些坑👈

图 3-14　避坑帖模板

7. 情感帖模板

讲述个人的情感经历，用时间线的方式娓娓道来，如图 3-15 所示。由于图文笔记的字数不宜太多，可以将主要内容放在图片里，搭配图片一起讲述；文字部分则主要介绍这段情感的概述。

一个普通女孩的情感成长体会

1/3

我在结束上一段感情的时候，我一直问我自己一个问题：我为什么要谈恋爱？每段恋爱给我的悲伤和快乐都是一半一半的，我经常感觉很累。

当时的我二十九岁，和其他关心儿女终身大事的母亲一样，我妈妈听到她的大龄女儿又单身之后，非常着急，她用自己的手机在某爱网上帮我注册了一个账号，然后我在有些不耐烦的情绪中接到了某爱网红娘的电话。对方在简单问了我的基本情况之后，约了我第二天去他们的上海来福士的办公室会谈。我想着反正周末也没什么事情，去了解下也没有什么，第二天就去了。

付出型人格谈恋爱总觉得很累

我对红娘说我找不到谈恋爱的意义，因为每一段感情都带给我的快乐和不快乐一半一半的，就是觉得很心累罢了。对接我的红娘问我在恋爱里的表现，在了解我的恋爱史后，青涩的初恋、大男子主义的大学同学、各方面都无懈可击做直升机五年升三次的公司高管到大学老师后等经验后，她说了一句，你是一个无论从外在到性格各方面都很不错的女孩子。但可惜的是的，你遇到的每个前男友都不是那么爱你，那么喜欢你。

而你又是一个付出型人格的女孩子。付出型的女孩子很善良，喜欢为他们考虑，为他人付出，但是全世界的能量是守恒的，当她付出时，她其实内心是希望得到回应的，当得不到回应或者回应不及时的，她的内心就会失衡，觉得对方不爱你，不喜欢你，就会觉得很累。例如，你给对方发个信息，如果对方不回应，你就会心里不高兴。我对你的建议是把重心转移到自己，多花点时间爱自己，同时找一个真正爱你的人。就算对方不回你信息，那也没什么，你自己可以看个书，和好朋友喝咖啡、逛街，你自己就在忙自己的事情，你自己在滋养自己。

你的前任们都没那么爱你，和一个真的很喜欢你的人谈恋爱的人，他是不会让你心累的，就像我和我老公那样，谈恋爱的时候你会觉得每天都很轻松，很快乐，生活充满阳光。你要找到一个真心喜欢你的人谈恋爱，同时要好好爱自己，别人才会爱你。

连续参加了 n 个社交活动后遇到我的现任

我的朋友汪小姐在知道我和前男友分手后，因为前男友是她介绍的，她大概是觉得不好意思，于是对我说要约多多参加社交活动、尽快找个靠熟把前男友忘掉等。作为一个行动力强仗义的好朋友，连续两三周每周我都会被她的去参加两三社交活动，有Sasa 舞主题的周末酒吧、有 WEWORK 新办公室的开业庆典、有德国餐厅周末举办的啤酒节、有我们海外房产行业举办的沙龙等等。在这么频繁的社交中，我发现一个事实，只要你见的人足够多、聊的人足够多，你总会遇到几个对你有意思的异性。不过这几个里面，又有几个不靠谱的烂桃花。

• • •

一个普通女孩的情感成长

即将成为人妻，回望我本人的曲折感情史，分享下我的几点情感成长体验，希望能和屏幕前的你产生一些共鸣。

希望每个女孩都能好好爱自己，自我成就，也能足够幸运，遇到爱你你爱，让你每天都很轻松很幸福的另一半。

#情感 #女性成长 #女性

图 3-15　情感帖模板

经典案例

一篇推荐婚纱的图文笔记

　　这是小红书上一篇推荐婚纱摄影的图文笔记，博主精心挑选了几套婚纱摄影美图，用于体现电影式的旅拍风格。文字部分充满了诗意，和照片的美感形成对应。末尾部分，介绍了旅拍的地点、售后等套餐服务。

3.6　吸引人的爆款标题

一个好的标题，直接决定了图文笔记的点击率，短视频也一样。观众看到标题之后，通常会在 1~3 秒内决定要不要继续看下去。

3.6.1　爆款标题的写作原则

好的标题都是有共性的，它们往往遵循 3 个原则。

1. 价值感

有价值的东西，人们都爱看，通过标题向大家说明，看完这篇文章或这段视频，会获得什么收益。如果你提供的价值正好是大家需要的，那么这篇文章或这段视频就很有成为爆款的潜质。

2. 独特感

提供价值的文章 / 视频有很多，你的文章 / 视频有什么不一样的地方？例如纯手工、原创设计、独家、限量销售等。

3. 紧迫感

看到标题，用户会不会产生这样一种感觉："赶紧看一看作者说了什么，就算现在不看，也要点赞和收藏，免得以后找不到了。"

记住了这三个原则，就知道如何写爆款文章 / 视频的标题了。对于已创作完成的文章 / 视频，也可以用这个方法去审视一下标题是否符合这 3 个原则。

3.6.2 爆款标题的 10 个模板

标题起得好，平台会把你的作品推荐给更多人，而当用户看到以后，也会对你的作品产生兴趣，想要看看你究竟写了什么内容。互联网上有很多优秀的标题，我们可以将其总结成模板，需要的时候直接套用即可。例如以下 10 种标题模板。

1. 直击痛点

皮肤黑的朋友有福了，简直颠覆我对洗面奶的理解。

婆婆的误会比什么都严重。

怕冷又不喜欢穿秋裤，就套一双加厚的过膝袜吧，显瘦不臃肿，保暖又百搭。

2. 说卖点

这老大一瓶护手霜，才六块钱，还是屈臣氏同款。

品质真的好姐妹们，酥脆可口，皮薄仁多。

9.9 到手整整七大包的花椒锅巴，好吃不贵。

姐妹们，反季买棉拖鞋真的太划算了，加厚的鞋底防滑耐磨，外穿也超级舒服，库存已经不多了，赶紧抢。

3. 欲扬先抑

这个十一假期，把生命浪费在美好的食物上。

别再每天早晨只知道喝牛奶 / 吃蔬菜了，这些更有营养。

4. 夸张手法

几个闺密都说我回到了 18 岁！春节在家待着，好好护肤！下个月相亲就靠它了！

大学生是真的容易哦。

5. 情感共鸣

   第一次没有谈好，我们再来一次吧。

   异地恋难的不是见面，而是每次分别的瞬间。

   假期结束了，我又回到了我背井离乡的小屋。

6. 神反转

   就算失败了九十九次，也要再努力一次，凑个整数。

   本来打算卖了房子，去环游世界，奈何房东不肯。

7. 设问句

   你知道当代年轻人夜生活都去哪吗？撸烧烤、喝啤酒是真的嗨！

   你因为学习不好而自卑吗？

8. 讲故事

   老鼠回来看到家被偷了。

   这大概就是养猫的意义吧。

   国庆驱车 500 公里，就为了来北京看一场升旗仪式。

9. 做总结

   中国最美丽的十个景区！此生不去，终身遗憾！

   老外听大张伟《阳光彩虹小白马》多人合集！"那个"太搞
笑了！

10. 留悬念

   十一假期到北京旅游，一定要知道的这些事……

   有谁注意到伍修权是双手交叠放在一起的吗？他这么做是有
原因的。

   小学生结伴徒步 2.6 公里找语文老师玩耍，走到家门口的一幕
搞笑又暖心。

3.6.3　给标题打上热门标签

当作品完成后，为了让更多人看到，还需要在发布时添加标签和话题。有了标签，系统就能知道该向哪些用户推荐你的作品。有的标签可能自带流量，例如官方主推的标签和话题。总的来说，标签主要分为以下几种。

1. 热门标签

热门标签代表的是当前流行的作品类型，博主可以先搜索同行们的热门作品，从中发现热门标签，然后应用进自己的作品中，这样可以少走很多弯路。

2. 原创标签

只有自己创作的视频才能打上原创标签。假如是搬运别人的视频，或者发布的内容里存在版权纠纷，就不适合打上原创标签，否则可能会受到平台的处罚。

3. 热门话题标签

通过查看抖音、快手、小红书的热门榜单，可以发现当前流行的各种热门话题，从中提取关键词，容易成为热门话题标签。

4. 内容标签

内容标签指表示视频的类别、主要内容等，例如"＃男生穿搭""＃秋冬卫衣"。

香港 15 平方米小家的空间利用

一条标题为《香港 500 万 15 平的小家如何极限利用空间＃香港生活＃香港房子》的视频，在抖音上引起了很多人的关注，仅仅一天时间，就有超过 3500 万人观看，成为 TOP 21 热榜。在人们的印象中，香港总是与这几个词语联系在一起：国际大都市、收入高、房价极高、人均居住面积小。而这条视频在标题中就将这几个元素都体现了出来。

3.7　精彩封面的设计思路

创作图文笔记和短视频时，系统都会要求我们挑选一张图片作为封面图。封面图是作品给用户留下的第一印象，因此非常重要。在设计封面图时，可以参考以下几种方式。

1. 视频截图类封面

把视频的截图当作封面，然后在封面上写上作品的标题，可以让观众对作品进行预览，如图 3-16 所示。如果你的视频中有独特的场景，或者画面比较美丽，就可以使用这种方法。这种方法比较简单，省时省力，而且还能传递很多信息。例如那些美食博主、旅游博主、摄影博主等，很适合用这种方法。

2. 文字标题类封面

把文字放大，占据画面中心，同时截取视频中的某个画面作为背景和陪衬，如图 3-17 所示。文字可以是作品的标题或结论，也可以是产品的名字。这种封面让人一眼就能看到作品的中心思想，能够非常直接地表达出视频的主要内容，而且适用性广，游戏、娱乐、知识类的视频都可以使用这样的设计。

图 3-16　视频截图类封面

图 3-17　文字标题类封面

3. 固定模板类封面

使用固定的模板作为封面时，只对具体的标题进行修改，其他不做调整，以方便用户寻找。固定模板类封面的背景通常颜色比较鲜艳，封面风格、色调统一，具高辨识度，如图 3-18 所示。这类封面非常适合于素材、干货、课程类视频使用。

4. 产品图片类封面

使用产品的图片作为封面，也可以让用户看到视频的主要内容，如图 3-19 所示。这种封面适合那些产品种类较多的账号，例如数码测评博主、美妆测评博主等。

图 3-18　固定模板类封面

图 3-19　产品图片类封面

5. 表情包类封面

　　使用表情包、动漫头像等作为视频的封面，也是一种常见的封面设计方式，如图 3-20 所示。这种封面更适合那些爱使用表情包的人群，可以很好地表达情绪，带动视频的氛围，如学生、二次元用户等。

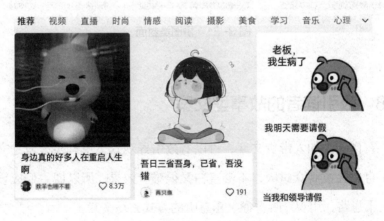

图 3-20　表情包类封面

6. 拼图类封面

把几张图片拼合在一起，作为封面使用，需要统一色调、统一风格，以免显得画面杂乱，如图 3-21 所示。这种封面可以传递更多的信息，适合用于个人体验、个人经历类视频使用，也可以用于多款同类产品的对比测评。

图 3-21　拼图类封面

3.8　吸引读者的故事型文案

在作品中加入带货文案，可以有效引导观众下单购买，但是文案过于直白会被观众讨厌，不够直白又很难有效果，所以博主们应该转换一下思路，用观众听得懂、乐意听的方式去写文案。

3.8.1　把文案转换成故事

写文案和写文学作品不一样，写文学作品要求充分发挥想象力，要天马行空、文辞绝美，但是写文案却并不是这样。原因在于，文案需要唤醒消费者的需求，如果无法唤起消费者的需求，再美妙的文字都毫无用处。

文案界的传奇人物约瑟夫·休格曼提出了"滑梯效应"。他认为，文案创作者所创作的文案应该清晰流畅，读者一旦开始阅读，就会情不自禁地一阅到底，根本无法停止，就像从滑梯上面滑下来一样。

带货文案也应该以"滑梯效应"为标准。文案开头，必须给人留下深刻的印象，吸引人继续看下去；文案正文，要通过生动有趣的内容让人对产品和企业产生好感，促使人顺其自然地读下去，直到文案的结尾。

吸引读者最好的方式就是讲故事，把产品的卖点、顾客的痛点统统用故事的形式呈现出来。使用故事化的叙述方式，描述用户能够得到的体验，实际上就是在告诉他们："这些好处都是实实在在的。"

事实证明，当你说到了用户的心坎里，提升完播率就不是一件难事。

3.8.2　文案转换故事的五个角度

将文案转换成故事，可以从痛点、产品优势、促销活动、使用方法、顾客口碑五个角度入手。

1. 从痛点入手

用户的痛点，就是他迫切需要解决的问题，也就是产品的卖点。我们可以代入用户的视角，看看这些痛点在现实中是怎样影响生活的，然后从用户实际使用的角度，编成一个小故事。例如，销售一台手机，用户的痛点可能有存储空间、电池耐用度、芯片性能、手机价格等。下面我们把存储空间这个痛点转化成故事：

> 我现在用的手机还是三年前买的，内存只有128G，随便下载几个App就满了，动不动就要删照片。

2. 从产品优势入手

单纯地描述产品优势，用户很难有切身的感受。例如，描述一款手机充电速度有60W，用户看到的只是数据，却还不知道在实际使用中的体验如何。转换成故事以后：

> 每天起床，第一件事就是给手机充电，然后再去刷牙、洗脸、吃早饭，等到出门的时候，手机电量已经有90%了，足够一天的使用了。

3. 从促销活动入手

很多品牌都在平台上宣传促销活动，用户早已司空见惯，所以我们也可以对促销活动的话术进行一波优化，讲述和促销活动有关的故事，赋予它更多的意义。例如，小米公司总裁雷军在一次发布会上说：

> 过去几天，我真的睡不好觉，下了很大的功夫说服了所有的高管，希望大家用200%的热诚来回报所有米粉的支持，所以这次的最终价格是2999元。

4. 从使用方法入手

从生活中的实际使用场景出发，介绍产品的使用方法和操作流程，帮助用户快速掌握使用技巧。例如：

> 之前有个朋友告诉我，这款产品非常不好用，我感到很奇怪，让他再操作一遍，好家伙，原来是他的用法错了，这款产品拿到手以后，应该……

5. 从顾客口碑入手

在文案中，可以把用户的真实使用体验说出来，增加可信度。例如：

> 有位朋友拿着我们的产品，用了几天以后，以前脸上的痘痘、油光全都不见了，可以说是立竿见影，他自己跟我说感觉太神奇了，以前从来没有这种体验。

一款美容仪的抖音营销文案

一位抖音博主用带货视频推广一款美容仪。为了突出该产品功能多、适用人群广的特点，该博主从帮助用户选择的角度入手。部分视频文案是："能一步到位，满足日常护肤几乎所有需求的美容仪，在哪里？我就只想有 1 台美容仪，那到底怎么选？现在市面上大大小小的美容仪我都玩遍了，主流技术无非就是促渗导入、射频、电流、LED 美容光，然后每个人根据自己不同的皮肤需求，挑选对应技术的那个。我总共就只有大几千的预算，我还是个选择困难症，我还有 3 种以上的皮肤问题，或者我就是个新手小白，那就选 ×× 美容仪……"

3.9　建立选题库，助力持续创作

内容创作是一个需要持续输出的过程，如果只是临时准备素材，是很难持续创作出优秀作品的。因此我们必须建立选题库，把平时见到的有用的素材收集起来，等到创作的时候，就可以随手拿来使用。

3.9.1　先拆分关键词，再提取选题

搭建选题库，应该有一个明确的方向，也就是搜集那些与账号相关的素材。我们可以使用思维导图，把行业和产品进行拆解、细分，把消费者最关心的那些痛点、卖点、误区等列出来，再根据这些关键词，储备那些可以拍摄的选题。

以房地产行业为例，相关的关键词如图 3-22 所示。

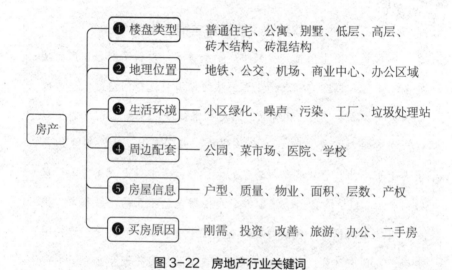

图 3-22　房地产行业关键词

楼盘类型、地理位置、生活环境、周边配套等都是影响客户买房的几大因素，这些因素又可以继续往下细分出很多个关键词，这些关键词就是我们平时需要关注的对象。

针对关键词"户型"，可以延伸出很多个选题，例如：

小户型福利！这些不起眼的角落设计得好，家里瞬间多出几平方米。

买房要不要带飘窗？

敞开式厨房好处多，视线无遮挡，在做饭的同时还可以兼顾家里的小朋友。

3.9.2　三种常见的选题类型

在储备选题的时候，也需要有所区分，有的选题可以提前准备，有的选题却是临时创建的。

1. 常规选题

常规选题就是账号平时所做的选题，它的作用是搜集行业相关的内容，然后做成视频，让用户有所收获。例如，介绍各个楼盘的房产信息，或者介绍当前流行的服装款式等。

平时在看微博、抖音、电视新闻时，只要看到有用的信息或资讯就可以记录下来，作为之后拍摄作品的备用选题。此外，也可以关注一下同行，从同行们的作品里吸取经验，参考别人的选题。

2. 热门选题

有时，也可以蹭热度，比如热门电影、热门音乐、热门事件里出现了和你行业相关的内容，就可以把它作为素材，临时制作一期内容。这样做的好处是能够为你带来很多流量，缺点是热度难以持久，需要经常去追新的热度。

3. 系列选题

有些内容可以做成一个系列，成为一个合集，例如探店系列、街头采访系列、深度解读系列等。通常一个系列的视频需要保持统一的风格，包括拍摄、剪辑、配乐等手法，都需要统一，让人一眼就能看出这是一个系列的作品。和单部作品相比，系列选题更有分量感，也更适合长时间观看，就像追剧一样，很容易吸引新粉丝，同时避免老粉丝流失。

鲁菜大师的美食选题

　　陈宗明老先生是中国鲁菜特级烹饪大师，被誉为"鲁菜泰斗"。2021年开始，他和徒弟在社交平台上发布美食视频，向网友普及鲁菜知识，传授经典鲁菜做法，深受众多网友喜爱。陈老的视频选题非常丰富，目前已经积累了多个系列，包括炒菜课程、爆菜课程、酱菜课程、熘菜课程、探店系列、十大经典鲁菜等，有时还会与其他美食博主进行联动，使得视频的趣味性更强了。

第二篇 直播带货，
让流量原地变现

　　直播，其实就是一场面向观众的表演，主播们卖力吆喝，熟练地使用提前背诵的文案和话术，把产品推广给观众，偶尔还要插科打诨，活跃直播间的氛围。可以说，每一场直播，都是一次热烈的"聚会"。

　　电商的竞争十分激烈，直播圈的竞争也丝毫不逊色，因此，要想吸引用户的注意力，让他们乐呵呵地下单，主播们需要做的事情有很多。首先，要装饰直播间，只有好的直播间设计，才能提高用户的关注度和停留时间。其次，主播还要学习带货话术，了解产品的特色和卖点，以及用户的痛点，这样才能打动用户。最后，等到直播结束，还要进行复盘，对直播的细节进行优化。

第**4**章 建立成熟的直播体系

直播是电商实现盈利的关键一环，为此很多商家都在直播上投入了大量资金和精力。一个成熟的直播体系，需要一个高效率的直播团队，以及高质量的直播硬件设备。此外，还要根据品牌定位，选择合适的直播间背景、音乐、时间规划等。

4.1 不同风格的直播间背景

打开直播软件，可以看到背景各异的带货直播间，有的直播间装饰得像商场，有的则是在户外直播，还有的使用虚拟背景直播。对于主播们来说，背景对于直播至关重要，那么该如何选择呢？有这么几个需要注意的点。

1. 室内风格

利用道具、产品等实物进行装饰，将直播间打造成商场、商铺的模样，或者直接把店铺当作背景，是一种很常见的直播间风格。这种直播间通常比较简约，没有太多花里胡哨的装饰，但又是围绕着产品和品牌进行设计的，可以说是简约而不简单。例如，一个时尚博主可以将直播间打造成时尚品店的样子，用最新的时尚潮流元素进行装扮；美食博主可以将直播间打造成饭店的样子，或者直接在饭店里进行直播；汽车博主可以将直播间打造成 4S 店的样子，给观众营造代入感；图书博主可以将直播间打造成书店的样子……室内风格的背景，能够真实地展示产品或服务，并通过背景中的细节吸引观众的注意力，如图 4-1 所示。

图 4-1　室内风格的直播间背景

2. 户外风格

把直播间放在户外，也是一种常见的背景。户外直播的场景是真实的，因此主播的反应也会比较真实，如图 4-2 所示。使用自然风景为背景，可以营造出一种氛围和谐、充满生机和活力的场景，让观众产生浓厚的兴趣，尤其是对那些常年生活在城市里、很少有机会亲近大自然的都市白领有很大的吸引力。如果品牌与户外有关，如农产品、户外运动产品、摄影产品等，都可以在户外进行直播。

3. 虚拟风格

通过特殊的软件或技术，将动画、图像或 3D 场景等替代成直播间的背景，这需要专业团队设计并搭建数字摄影棚，如图 4-3 所示。这种设计不受时间和空间的约束，能够把背景切换成各种场景，如山顶、太空、海底等。各种酷炫、科技、新颖的虚拟场景，可以快速抓住用户眼球，给用户带来极具冲击力的视觉体验。

图 4-2　户外风格的直播间背景　　　　图 4-3　虚拟风格的直播间背景

经典案例

东方甄选的户外直播

东方甄选主要销售的是食品生鲜，有时团队会前往食品原产地进行直播，在田野和果园里，向观众呈现生态之美。主播们一边吃着纯天然、无污染的绿色食品，一边向观众们讲述着诗和远方。例如，2022 年 7 月，东方甄选将直播间搬到了北京市平谷区的一个桃园，这是东方甄选的首场户外直播，在 10 分钟之内就卖出了一万单桃子。

4.2　直播间的空间布局设置

作为主要的展示场所，直播间的装修是直接面向观众的，良好的装饰可以提升观众的观看体验。在具体的装饰过程中，可以从以下几个方面入手。

4.2.1　直播间的布局

室内直播有空间的限制，因此十分考验空间的布局。通常，单人直播占用的面积至少有 5~10 平方米，团体直播占用的面积比较大，可以达到 20~40 平方米。如果面积太小，设备和货品就没法摆放，也会使得整个画面看起来过于拥挤。面积太大，又会显得浪费。

在有限的空间里，建议只摆放一个大件，作为画面的中心。例如，数码科技主播可以摆放游戏台、电竞椅，美妆主播可以摆放化妆台，百货类主播可以摆放展示柜、陈列桌，情感类主播可以摆放单人沙发、座椅等。

除了大件物品以外，直播间里还可以摆放一些小型物品，作为直播间的装饰和点缀。例如放一些室内小盆栽、小玩偶之类的物品。此外，还可以在直播间内设置品牌标识和宣传物料，增强品牌形象，包括品牌海报、产品介绍等。如果是节假日，可以布置一些跟节日相关的横幅、海报、吉祥物等物品，搭配节日的妆容和服装，以此来吸引观众的目光，提升直播间人气。

在镜头看不见的地方，还需要布置额外区域，包括货物存放区、摄像设备摆放区、化妆区、助手活动区等。

4.2.2　灯光的布置

灯光设计可以增强直播的氛围，提升直播的效果，让主播和货品看上去更明亮、更清晰。

1. 主灯

主灯的光源在主播和货品45°的位置，左右均可，如图4-4所示。

2. 辅灯

辅灯的亮度次于主灯，通常放在主灯的另一侧，照亮阴影部分，如图4-5所示。

图4-4　主灯　　　　　图4-5　辅灯

3. 轮廓灯

轮廓灯通常放在直播间上方，给主播头顶、肩膀等部位打光，照亮主播的脸部轮廓，如图 4-6 所示。

4. 背景灯

背景灯的作用是照亮主播身后的背景内容，如海报、品牌信息、商品货架等，如图 4-7 所示。

図 4-6　轮廓灯　　　　図 4-7　背景灯

4.2.3　色彩的选择

适当的色彩搭配，可以提升直播间的视觉美感，减缓色彩对人的刺激。在设计时，可以从品牌、产品、节日活动的颜色中提取。

1. 品牌色

使用品牌的颜色作为主色调，是一种十分讨巧的做法，因为它可以加深人们对品牌的印象，和其他品牌保持差别。

2. 产品色

使用与产品相近的颜色作为直播间的背景色，可以使整个画面看起来更协调、统一。

3. 节日活动的颜色

根据季节、节日、商家活动，定制直播间色彩，可以增添节日氛围，助力营销环节。例如，在过年的那段时间里，很多直播间会用红色作为主色调，以突出喜庆的节日氛围。

4. 适合各个行业的颜色

每种色彩给人的感觉不同，就像人们对每种行业的感情不同一样，所以有些行业天生就与某种色彩很搭，具体如表 4-1 所示。

表 4-1　适合各个行业的颜色

行业	颜色	感受
数码、电器、科技	蓝色、黑色	给人冷静、沉稳、先进的感觉
母婴、婚恋、个护	浅色调、白色、粉色	给人温柔、轻盈的感觉
食品、饮料、户外	亮色调、橙色	给人温暖、健康、活力的感觉
高端、轻奢男装	灰色调、暗色调	给人沉稳、低调、有内涵的感觉
珠宝配饰、家纺	淡色调、紫色	给人高贵、典雅、轻柔的感觉
医疗保健、农副产品	绿色、橙色、蓝色	给人新鲜、自然、可靠的感觉
化妆品、洗护用品	纯色调、白色、红色	给人高贵、亮丽、洁净的感觉

经典案例

茶叶直播间的装饰

　　某茶叶旗舰店直播间的布局比较简约，主播身前只有一张茶桌，上面摆放着两款茶叶。背景的颜色古朴，与普洱茶叶的琥珀色相似，显得深邃、典雅、古色古香，突出传统工艺之美。就连主播的衣服，也是精心挑选的，与背景色保持一致。同时，为了迎合中秋节日的活动氛围，背景图上专门设计了金秋十月桂花香的元素。

4.3　直播带货所需的硬件设备

直播需要专用的硬件设备，以便提升画面质量、收音效果等，使得直播间看起来更专业，避免低质量的直播效果让用户扫兴，失去购买欲望。

4.3.1　直播图像设备

常见的图像设备主要包括拍摄设备、图像处理设备、图像监视设备等，如手机、显示屏、电脑、高清摄像机等。

1. 手机

买贵的不如买对的，在创业初期，选择手机进行直播，便宜又好用。直播时，主播可以直接在手机端打开直播软件，将手机固定，使用手机的前置摄像头直播，这样只需要一台手机就可以直播。或者，也可以准备两部手机，其中一部手机打开直播软件，用后置摄像头拍摄，另外一部手机用于观看直播间的评论。

2. 显示屏

LED 显示屏可以放在主播的身后，然后在显示屏中播放预先准备好的海报、产品图片等，作为直播的背景，如图 4-8 所示。或者，也可以将显示屏放在主播前方，与手机连接投屏，看直播间的画面效果。此外，显示屏还可以作为提词器使用。

图4-8　显示屏

3. 电脑

电脑可以为直播间提供更丰富的直播效果，例如更换虚拟背景、添加直播特效、直播推流等。

4. 高清摄像机

使用高清摄像机，不仅可以为直播带来更好的画面效果，而且还支持多种拍摄角度和变焦功能，可以对产品、主播表情等进行特写拍摄，让观众获得更好的观看体验。

4.3.2　直播音频设备

常见的直播音频设备主要有麦克风、声卡等。

1. 麦克风

直播时可以使用手机自带的麦克风，也可以单独准备一个专用的麦克风，以免因摄像距离太远，声音效果不好。例如，无线小蜜蜂的体积较小，可以拿在手上，或者夹在衣领上，轻松实现录音，如图4-9所示。

2. 声卡

使用声卡不仅可以降低直播时的噪声，还可以对主播的声音进行美化，例如调整音色、音量，以及添加各种搞笑声、鼓掌声等，烘托直播间的气氛，如图 4-10 所示。

图 4-9　无线小蜜蜂　　　　　　图 4-10　声卡

4.3.3　直播灯光设备

直播时使用的灯光设备通常包括环形补光灯、摄影灯、柔光球、柔光箱、格栅等。

1. 环形补光灯

环形补光灯是一种便宜又好用的补光设备，可以放置在主播面前，作为主灯使用，如图 4-11 所示。

2. 摄影灯

专业的摄影灯不仅能够提供更高的亮度，还可以调节色温，减少阴影和光斑，使拍摄画面更加平衡和自然。

3. 柔光球

柔光球发射的光线比较柔和，而且范围很大，可以提高直播间的整体亮度，如图 4-12 所示。

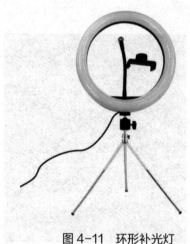

图 4-11　环形补光灯　　　　　　　　图 4-12　柔光球

4. 柔光箱、格栅

柔光箱可以使光影变得柔和、自然，画面效果看起来更显舒适。格栅是柔光箱上的组件，可以聚拢光线，调整光照范围。

4.3.4　其他辅助道具

除了图像、声音和灯光设备以外，直播间还需要用到其他一些设备，如手机支架、云台、产品展示台、KT 板、导播台等。

1. 手机支架、云台

手机支架和云台的主要作用是固定手机或相机。手机支架主要用于固定手机，云台既可以固定手机，也可以固定相机，使用体验更好，但是价格也更高。

2. 产品展示台

产品展示台通常放置于主播身前，用来展示直播间的各种产品。

3. KT 板

KT 板可以搭配马克笔使用，不仅售价便宜，而且显示效果直观。

4. 导播台

导播台的作用是切换不同摄像机机位，为推流电脑输出不同的画面。

头部主播的直播设备

头部带货主播们使用的直播设备非常专业，无论是机位调度、大屏清晰度、音频效果，在直播带货界都是数一数二的。例如，普通主播可能只用一个摄像机，而大主播会用到正面机位、顶部机位、产品机位等。有的主播甚至使用了实时调色，这种技术和设备一般是在拍电影时才用的。当然，优秀的直播效果成本也十分高昂。有人曾分析过，某位头部带货主播的直播设备成本可能高达上百万元，对于大主播来说，负担这些成本并不难，但是对于普通主播来说就过于昂贵了。

4.4　直播带货团队的建设

剧本、拍摄、剪辑等，都由主播自己完成，这是很多小主播的日常。然而直播带货不是单打独斗，而是团体作战，主播、副播、助理、场控等各自发挥所长。

1. 主播

主播是直播间的灵魂，直接影响着直播间的流量。头部电商主播通常在直播团队内部有极高的话语权，如老罗、小杨哥、辛巴等，即使是业务已经做大做强，他们也没有撒手不管，而是经常出现在直播间。

主播做好了虽然很容易名利双收，但却需要具备很多条件，例如：

（1）形象气质好，容易获得用户的喜爱。

（2）口才很好，能熟悉并介绍商品的优点，还会控场、活跃气氛。

（3）心态好，经验丰富，能够应对各种突发事件。

（4）身体素质好，现在的直播动不动就是十几个小时，强度堪比马拉松比赛，非常考验人的体力和毅力。

2. 副播

副播的工作是协助主播进行直播，在直播间里做捧哏，例如：

（1）开播之前，协助主播整理节目内容。

（2）配合主播进行控场，在主播陷入停顿时，帮忙搭话，制造话题和氛围，防止冷场。

（3）引导用户关注和下单，提升粉丝活跃度等。

时间长了，副播逐渐和观众混熟了，就可以尝试着单独直播了，以分担主播的压力。

3. 助理

助理的工作主要是处理各种琐事，例如：

（1）熟悉直播的脚本和内容，适时提供道具或素材，如卡片、产品、提词器等，让直播更流畅和顺利。

（2）观察用户的意见，并将其反馈给主播。

（3）在直播开始之前，准备各种设备，包括摄像头、麦克风、音响、灯光等。

4. 场控

场控是直播现场的管理者，相当于"导演"的角色。他们的主要职责有：

（1）负责现场直播的流程和秩序，把控直播节奏和进度，以保证直播顺利进行。

（2）负责直播间商品上下架及优惠设置，配合主播执行各项营销方案，烘托直播间气氛。

（3）根据反馈，调整直播内容，并及时解决直播中出现的突发事件。

（4）负责直播的数据汇总和分析，帮助团队进行选品优化。

5. 中控

中控是直播间的幕后工作人员，主要负责处理各种技术问题，例如：

（1）切换直播画面，为主播讲解产品提供技术支持。

（2）配合主播进行产品上下架、改价、发红包、发优惠券等。

（3）对接好直播货品的产品种类、库存和其他直播资源等。

6. 选品

选品工作主要包括以下几个方面：

（1）根据用户喜好进行产品调研、比价，分析哪些产品容易爆单。

（2）明确选品品类，完成产品报备及产品上线。

（3）负责对接公司所有直播货品，与主播沟通选品，与商家进行货品细节对接等。

7. 招商

招商岗位的职责是联系商家，根据选品团队挑选出来的产品，争取为公司拿到更优质的产品，以及更高的佣金。大主播通常会有很多商家主动上门求合作，而小主播需要想办法多去联系商家。直播招商的工作主要包括：

（1）对接上游供应链、工厂、品牌商，选取符合直播渠道的爆款产品。

（2）与公司商务人员对接产品、价格等信息，协助主播完成选品、直播等工作。

（3）为专场项目提供支持。

8. 网店运营

如果网店的营销额较大，或者产品种类太多，那么就需要专门招聘人员，负责网店的管理和运营工作，例如商品的上下架、售后服务等。如果商品不多，也可以由其他工作人员代理。

9. 内容运营

除了直播以外，账号还需要经常发布短视频、图文笔记等内容，如把直播时的片段做成短视频切片发布在账号上，或者专门设计脚本拍成短视频，这些内容都需要专业人员负责。

10. 拍摄和剪辑

拍摄主要负责根据脚本设计分镜头、布光和把控整个拍摄过程，以及日常商品图片的拍摄。拍摄完成后，根据剧本要求，对短视频内容进行剪辑、加特效等。

11. 其余技术人员

其余技术人员主要负责直播团队的软硬件维护，确保直播过程中的技术设备运转正常，如维护服务器、网络连接等。

庞大的直播团队

直播公司早已不再是单兵作战，一个直播带货团队火了以后，就会收到来自全国各地的合作邀约，于是公司员工人数也在不断扩张。例如，老罗在 2020 年开始直播时，团队里只有十几人，如今已经扩大到 1000 多人，远远超出了当初的规模。

与此同时，公司的岗位种类也在增多。以某直播公司为例，仅从该公司目前在网上发布的岗位招聘信息中就可以看到生活消电商务专家、直播选品、直播运营、专属模特、广告商务、直播技术、直播运营（场控）、主播、平面设计师、客服专员等 40 余个岗位种类。

4.5 直播间的音乐选择

在直播间使用背景音乐，不仅能够调动氛围，还可以提升观众的观看体验和留存率。因此，在直播中如何选择背景音乐，需要直播团队认真对待。

4.5.1 如何选择背景音乐

直播间的音乐是面向普通消费者的，因此在挑选音乐时，要从大众的角度出发。

1. 挑选大众型音乐

直播间的音乐可以有个性，但是不能太小众，过于小众的音乐，意味着大部分用户没听过，可能不符合他们的品位，致使他们不能接受。目前大多数带货直播间使用的音乐都是热门音乐，能被广大用户接受。

2. 适合不同行业的曲风

不同的行业，适用不同的音乐风格。例如，舞蹈式的快乐健身直播间适合使用动感较强的音乐，百货类直播间适合节奏轻快的音乐，而绘画、茶饮直播间则更适合舒缓、悠扬的音乐。

3. 合适的音量

直播间所播放音乐的音量需要保持在一个合理的范围内，音量太低，观众听不到，音量太高，又会盖住主播的声音，影响直播效果。当然，具体音量大小还需要根据直播环境和直播设备来灵活调整。可以通过观众的反馈，对所播放音乐的音量进行调整。

4. 版权问题

直播带货是具有商业性质的，在使用音乐时，应当提前获得授权。使用未经授权的音乐可能会导致侵权纠纷，给公司带来不必要的麻烦。因此，最好选择那些有版权的音乐，或者联系音乐版权平台，例如腾讯音速达引擎、HIFIVE 音加加、曲多多、100Audio 等，向他们购买电商直播带货专用的音乐版权套餐。

4.5.2　直播间常用的音乐清单

1. 开场音乐

开场音乐的作用是快速调动直播间气氛，所以适合使用节奏感鲜明的歌曲，如表 4-2 中的这些音乐。

表 4-2　开场音乐

编号	音乐名	编号	音乐名
1	Fairy yu	2	友情岁月
3	快乐崇拜	4	Gentleman
5	火花	6	Wake

2. 产品介绍的音乐

产品介绍的音乐可以使用一些节奏轻松、让人感到快乐的音乐，如表 4-3 中的这些音乐。

表 4-3　产品介绍的音乐

编号	音乐名	编号	音乐名
1	热恋情节	2	Seve
3	Way back	4	Byte
5	Die young	6	Despacito

3. 引导下单的音乐

在直播中，当主播对产品做完介绍后，就到了引导下单的环节，这时需要将观众的情绪带到最高点，因此可以播放一些激昂澎湃的音乐，如表4-4中的这些音乐。

表4-4 引导下单的音乐

编号	音乐名	编号	音乐名
1	Go time	2	Jump
3	Victory	4	Star sky
5	Dance now	6	Breath and life

4. 福利放松的音乐

福利放松的音乐的作用是让观众感到轻松和愉悦，因此可以选择一些曲调热情明快、节奏感强的音乐，如表4-5中的这些音乐。

表4-5 福利放松的音乐

编号	音乐名	编号	音乐名
1	Way back home	2	You Don't know me
3	Starboy	4	红色高跟鞋
5	送给未来的你	6	China-2

5. 下播感谢的音乐

下播时，可以播放一些感人的音乐，突出主播对观众的恋恋不舍，如表4-6中的这些音乐。

表 4-6　下播感谢的音乐

编号	音乐名	编号	音乐名
1	感谢有你	2	Reality
3	Hope	4	和你一样
5	With an orchid	6	情人

6. 文艺型音乐

有的直播间售卖的产品具有浓厚的文艺气息，因此更适合使用轻柔舒缓的音乐，如表 4-7 中的这些音乐。

表 4-7　文艺型音乐

编号	音乐名	编号	音乐名
1	Little hands	2	Listen
3	琵琶语	4	刻在我心底的名字（伴奏）
5	成都（伴奏）	6	安河桥

直播音乐侵权案例

某主播曾经在直播时一时兴起演唱了一首《向天再借五百年》，结果被告上法庭，版权方起诉索赔 10 万元，一时间闹上热搜。最后该主播在社交平台发文致歉，称"已经获得了《向天再借五百年》词曲作者的谅解"，并且"在今后也会更加注重版权问题"。

无独有偶，某直播平台公司也曾因为使用未经授权的歌曲，被版权方告上法庭。版权方认为，被告公司多次在直播时使用未经授权的歌曲，属于恶意侵权，因此请求法院判被告公司删除全部带有侵权音乐的视频，并按照每次 2000 元的标准进行赔偿，承担原告律师费。最终，法院判处被告公司赔偿部分经济损失及律师费。

4.6　直播时间的规划

什么时间段直播效果最好？直播多长时间？这是直播策划的首要内容。

4.6.1　各个时间段的直播特点

直播是没有时间限制的，只要你愿意，随时随地都能直播，但是效果肯定不一样。观众有自己的生活习惯，主播们不能奢求他们为了看直播而改变习惯，因此只能主动向他们靠拢。

7：00—9：00：早上的客流量相对较少，因为很多人还没有起床，而那些起床的人要上班、上学，愿意在这个时间段看直播的人，通常时间比较充裕。也正因为如此，流量相对比较稳定，能够让新主播更好地圈粉。但是内容一定要生动有趣，否则很难让人一大早关注你。

12：00—14：00：这个时间段是上班族的午休时间，很多人会打开 App 看直播，因此直播用户的在线人数也会增加。主播之间的竞争压力加大，此时需要做的是留住粉丝，如发放福利、展示才艺等。

18：00—22：00：直播平台的在线人数达到高峰，大部分主播都不会放过这个时间段，互相争抢流量。这个时间段也是用户消费能力最强的时候，因此要用一些抽奖、玩游戏等活动来刺激用户消费。

0：00—4：00：很多用户喜欢熬夜，但是此时周围的人都已经入睡，因此容易产生孤独感，交流欲望强烈，故而说这是一个培养忠实粉丝的好机会！另外，夜里做美食直播也是一个好选择，因为此时的店铺大多已经关门，用户只能眼睁睁地看着视频里的美食咽口水。

以上内容，是对全平台用户生活习惯的大致总结，直播时间的具体安排，还是应该根据目标用户的实际情况去定，然后在直播过程中不断调整，找到最适合自己的直播方案。

4.6.2　每天开播 VS 日不落直播间

一次开播时间需要坚持多久？有的人每天坚持开播，但是每次只播 3~4 个小时；有的人一个星期才播一次，但是却能从早播到晚，被人形象地称为"日不落直播间"。

刚开始做直播的时候，由于粉丝数量少，账号权重低，即便播一整天，总观众量（场观）也不会太多，甚至会出现后面几个小时零增长的尴尬局面。另外，长时间直播非常辛苦，如果没有一个成熟的直播团队做支撑，主播一个人是很难坚持得住的。所以，在起号阶段，不建议长时间直播，可以一次只播 3~5 个小时，坚持每天都开播，到点就开播，拉长战线。

经过一段时间的积累，粉丝数量和单场直播的 GMV（总销售额）提升后，就可以选择在特殊的时间点做一个 8~12 小时的直播场次，冲击单场 GMV，这对账号的权重提升非常明显。

抖音直播带货时长数据

蝉妈妈数据显示，2023年10月8日，抖音三大带货巨头中，东方甄选主号销售额992万元，销量19.28万件，直播时长超14.5个小时；三只羊网络主号销售额965.09万元，销量15.05万件，直播时长超17个小时；交个朋友主号销售额460万元，销量超1.47万件，直播时长17.5个小时。

数据还显示，大多数上榜的直播间，直播时长在5~7个小时，"日不落直播间"仍是少数派。

第5章 选择有潜质的爆品

选品的重要性毋庸置疑，有了优秀的产品，用户才会愿意买，直播账号才会有足够高的流量，从而形成正向循环。然而，很多新人主播往往会在选品上犯难，一方面是因为他们不了解用户的需求，另一方面则是因为他们不懂得如何寻找货源，即使粉丝数量众多，也很难变现。

5.1 先定位，再做选品

选品是一门学问，不能随意去做。一个店铺没有销量，其中一个关键因素，就是没有找准自己的定位，导致选品不合适。

5.1.1 根据账号定位匹配选品

新人主播很难做全品类直播间，因为粉丝群体太小，没有个人IP，号召力不够，品类太多会导致流量人群不精准。而且新人主播的能力不足，把单一品类做好就已经很不容易了，盲目扩大品类只会让直播间看起来像个地摊。所以，起步阶段最好根据账号定位和粉丝属性进行选品，把单一品类做精、做透，这样会更有优势。

专业的带货主播，大多有清晰的人设，如美妆博主、服装博主、美食博主等，他们给人的印象是有专业背景，了解行业信息，所以粉丝们愿意相信他们的选品能力。

从这里也可以看出，账号的定位和选品是一对孪生兄弟，账号的定位，一定会影响选品。因此在选品之前，主播一定要先回顾一下自己的定位。假设你分享的视频/图文笔记都是和美妆相关的，那么在选品的时候也应该集中在这一领域。

如果是企业做直播，也应该参考这个思路，一个账号只做一个领域，品类不宜过于庞杂。这样做不仅可以降低选品的难度，还能保证粉丝在观看直播的时候更容易挑中称心如意的产品。这样的精准匹配度，能够有效提升直播营销的效果和转化率，使直播推广更具有吸引力和有效性。

5.1.2　从用户画像做选品

有时，一个账号能火，完全是个意外，主播本人并没有成熟的运营经验。此时去做直播带货，就需要考虑粉丝是否接受选品了。因为主播吸引的粉丝可能某一个群体的占比较大，故而在选品时就应该更多地考虑这部分人群的需求。

1. 性别

男性粉丝占比较高的账号，可以做衣服、鞋货、3C数码、运动用品、游戏、汽车、酒水等。女性粉丝占比较高的账号，可以做美妆、美食、穿搭、家居好物、宠物用品等。

2. 年龄

年轻的消费群体习惯在社交媒体上"种草"，但他们也很爱比价，是具有高颜值、高潮流特点的盲盒、球鞋、潮玩、手办、电竞等产品的消费主力军。年龄大的消费群体，更偏向于务实，家庭日用品、保健品、食品等更容易被他们接受。

3. 地域

地域方面主要是看城市的发展程度，一、二线城市的用户通常消费能力更强，选品时可以侧重于客单价高、时尚感强的产品；三、四、五线小城市的用户消费能力相对有限，更注重产品的实用性。

5.1.3　矩阵化选品思维

目前头部直播间正在走向矩阵化，也就是凭借一个 IP，开设多个直播间，同时涉足多个品类，以满足不同人群的消费需求。这类玩法显然不是新人主播能够打通的，只有经验丰富的顶尖团队才能做到。

1. 全品类直播间

全品类直播间，顾名思义，就是一个直播间售卖多个品类，无论是服装、食品等大众类消费品，还是旅游装备、数码等小众爱好者关注的产品，通通都能挂上小黄车。不过，主播通常不会在同一场直播里同时售卖所有产品，而是错开直播场次，也许今天直播卖的是服装、食品，明天直播卖的就是旅游、数码产品。

2. 子品类账号直播间

在原有直播间账号的基础上，针对特定的品类单独开辟子品类账号直播间。这种做法的目的，是将不同的客户群体分别引流到直播公司旗下的子品类账号直播间里，完成粉丝的分流，之后再针对直播间类别分别进行选品。

罗永浩的矩阵直播间

罗永浩的直播间是"交个朋友"，除此以外还开设了"交个朋友生活家居""交个朋友通勤服饰""交个朋友酒水食品""交个朋友美妆护肤"等直播账号。从这些账号的名字就可以看出，它们分别针对某一个品类，主推的产品也各不相同。

原本的"交个朋友"直播间，做成了全品类直播间，设定了不同品类主题的专场、欢购节、囤货节、旅游节等，带货的产品包括大牌奢侈品、日常生活用品、旅行用品、汽车用品、宠物用品等。每个主题的专场直播，时长大约为 4 个小时，对主推品的讲解更密集、更详细，中间偶尔插入一些非常实惠的福利品，直播的节奏把控得很好。

5.2 怎样寻找靠谱的货源

有了靠谱的货源，可以为主播们省去很多不必要的麻烦，例如产品质量差、供货速度慢、缺乏售后保障等。那么，如何寻找靠谱的货源呢？

5.2.1　几种常见的货源渠道

1. 自有货源

如果主播已经有产品，甚至有了自己的品牌，那么做直播带货就会轻松很多，直接把自家产品上架就可以。剩下要做的就是想办法提高流量，提升销售额。自有货源的缺点是产品类目单一，未必和主播的直播风格相匹配。

2. 本地货源

从本地批发市场寻找货源，也是一种靠谱的方法。主播通过亲自与供应商线下联系拿到一手货源，对于成本、质量、售后的把控也会更加得心应手。有些地区已经建立了成熟的线下批发体系，如莆田的鞋子、亳州的中药材、义乌的小商品、株洲的服装、昆明的菌子和鲜花等。本地货源的缺点是需要自己垫付货款，要在前期准备一定的资金，对于新人主播并不友好。

3. 直播平台选品

直播平台上也有官方提供的供应链，可以直接在上面选品，如小红书买手合作、抖音电商罗盘、快手好物联盟。选品完成后将链接添加进直播间和小黄车。每卖出一单，就能拿到一单的佣金，主播不用承担库存风险。直播平台选品的缺点是主播无法亲自验证产品质量，而且产品价格较高。

4. 电商网站

有些网站是专门从事批发生意的，如阿里巴巴 1688、义乌购、生意网、58 食品网、包牛牛、衣联网等。从这些网站中寻找商家做一件代发，甚至一键铺货，讨巧又便利，而且这些平台上的商家也很乐于跟带货主播合作。

5.2.2 用QCDS给供应商打分

对于供应商,不同的行业有不同的打分标准,但总的原则是一致的,即充分考虑各种因素,从多角度评估供应商的竞争能力,避免因为一些片面的因素影响评估结果。

电商可以用QCDS(Q,Quality,质量;C,Cost,成本;D,Delivery交付;S,Service,服务)给供应商打分。QCDS具体评分考核标准如表5-1所示。

表5-1 供应商评分考核标准

考核内容及分数占比		考核标准		总分
内容	分数	评分说明	考核得分	
质量	40分	1. 主要从进料检验合格率与现场生产不良率方面进行考核; 2. 进料检验合格率20分,合格率100%为满分,每低1%减去2分; 3. 现场生产合格率20分,合格率100%为满分,每低1%减去2分		
成本	30分	与市场同等质量的产品相比,成本较低为10分,成本相同为7分,成本较高为5分		
交付	20分	准时交货率达100%为满分,每低1%减1分		
服务	10分	服务满意度评价达95分为满分,满意度评价每低5分减2分		

"质量是企业的生命",这句话可不是说说而已,所以把质量排在第一位;成本则是企业生存的基础,要用一套成熟的方法去评估供应商控制成本的能力;交付能力则是效率问题,要确定供应商能不能按时按量交货;服务是非常重要的能力,包括售前、售后服务。

一般而言,主播很难对所有的供应商都采用同样的验收标准,在实际评估过程中,肯定要做出某些妥协和让步,只要最终的合作结果是好的,就不失为一份良好的合作关系。

5.2.3　选择稳定的长期合作伙伴

很多时候,一家稳定但成本较高的供应商,远比一家成本低廉却很容易出错的供应商更受欢迎,因为对于主播们来说,需要考虑的远不止产品价格这么简单,稳定盈利才是最需要考虑的。

如果连供应商都无法稳定,就算直播爆单了,也交不了货,最后只能收到一堆投诉。因此,主播们要在战略上重视供应商,把他们当作自己的盟友和战友,这种合作伙伴的关系并不是一两张订单就可以稳固的,而是需要长期的维护。降低成本固然重要,然而抢占市场更重要,有时候商家宁可赔本也要继续做下去,就是为了不给竞争对手留下生存的空间。

经典案例

部分线下批发市场

表 5-2 中列举的是部分国内规模较大的线下批发市场,其中一些市场的商品甚至远销海外。

表5-2 部分线下批发市场

地点	名称	地点	名称
北京	北京新发地批发市场	吉林	长春华港二手车交易市场
浙江	义乌中国小商品城	广东	广州新塘牛仔城
浙江	绍兴中国轻纺城	安徽	亳州中药材市场
浙江	海宁皮革城	山东	即墨服装批发市场
浙江	嘉兴桐乡濮院羊毛市场	山东	临沂批发市场
辽宁	沈阳五爱小商品批发市场	广东	广州沙河服装批发市场
辽宁	西柳服装批发市场	湖北	武汉汉口北国际商品交易中心
江苏	吴江中国东方丝绸市场	湖南	湖南高桥大市场
河北	石家庄新华集贸市场	贵州	贵阳西南国际商贸城
深圳	深圳华南城	重庆	朝天门综合交易市场
河南	郑州银基批发市场	甘肃	兰州光辉批发市场

5.3 爆款产品的选品思路

选品的方法有很多，其中一些经过了市场的检验，被证明是切实可行的，如下面这几种。

1. 跟着同行学选品

同行就是最好的老师，平时可以多留意一下热门直播间里的产品，这些产品通常代表了当前市场的风向，也就是当前消费者最喜欢的产品。在看直播时，可以重点观察各大主播的主推品之间有什么相似之处，看得多了，自然就能知道什么产品好卖，什么产品能卖。

例如，图5-1所示是某主播带货的零食，已售3.8万件，在豆干爆款榜上排名 TOP5，可见是一款非常畅销的单品。

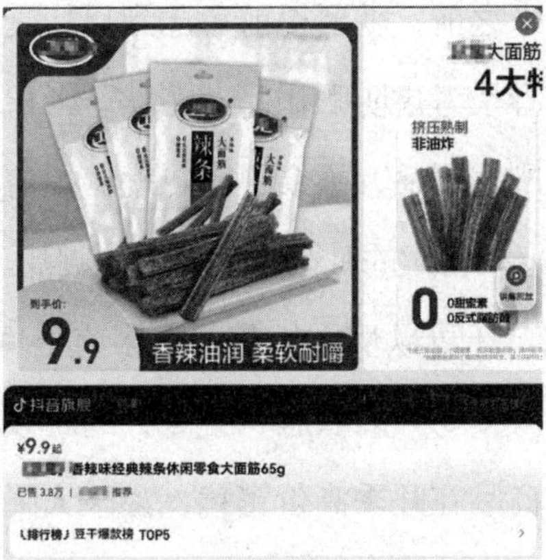

图 5-1　某直播间带货的零食

找到热卖品以后，尤其是那些自然流量较高的产品，主播就可以搜索同款上架，也有机会迎来一波爆单。

2. 通过查看数据榜单选品

通过查询数据榜单，也可以选品。根据销售额进行排序，可以找到近期内销售情况最好的产品，如图 5-2 所示。

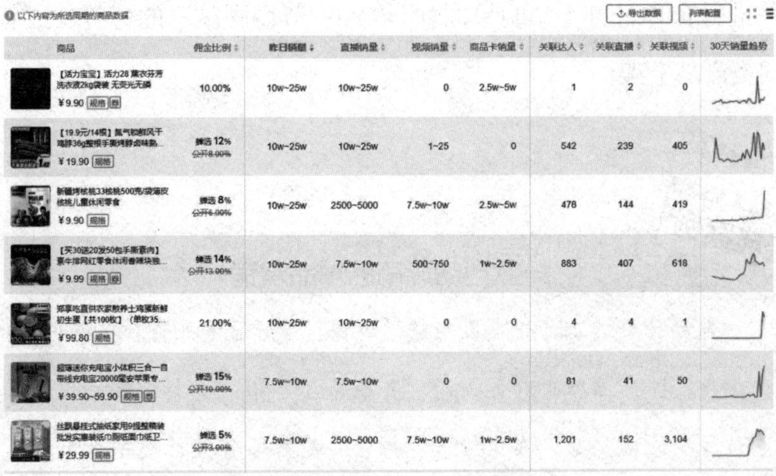

以下内容为所选周期的商品数据　　导出数据　列表配置

商品	佣金比例	昨日销量	直播销量	视频销量	商品卡销量	关联达人	关联直播	关联视频	30天销量趋势
【活力宝宝】活力28 薰衣芬芳洗衣液2kg袋装 无荧光无磷 ¥9.90 规格 券	10.00%	10w~25w	10w~25w	0	2.5w~5w	1	2	0	
【19.9元/14根】氮气锁鲜风干鸡脖36g整根手撕烤脖卤味熟… ¥19.90 规格	蝉选 12% ~~公开8.00%~~	10w~25w	10w~25w	1~25	0	542	239	405	
新疆烤核桃33核桃500克/袋薄皮核桃儿童休闲零食 ¥9.90 规格	蝉选 8% ~~公开6.00%~~	10w~25w	2500~5000	7.5w~10w	2.5w~5w	478	144	419	
【买30送20发50包手撕素肉】素牛排网红零食休闲香辣块独… ¥9.99 规格 券	蝉选 14% ~~公开13.00%~~	10w~25w	7.5w~10w	500~750	1w~2.5w	883	407	618	
郑享吃直供农家散养土鸡蛋新鲜初生蛋【共100枚】（单枚35… ¥99.80 规格	21.00%	10w~25w	10w~25w	0	0	4	4	1	
超薄迷你充电宝小体积三合一自带线充电宝20000毫安苹果专… ¥39.90~59.90 规格 券	蝉选 15% ~~公开10.00%~~	7.5w~10w	7.5w~10w	0	0	81	41	50	
丝飘悬挂式抽纸家用9提整箱装批发实惠装纸巾厨纸面巾纸卫… ¥29.99 规格	蝉选 5% ~~公开3.00%~~	7.5w~10w	2500~5000	7.5w~10w	1w~2.5w	1,201	152	3,104	

图 5-2　蝉妈妈爆品数据榜单

3. 根据季节选品

在某个季节到来之前，就要提前考虑到目标受众在该季节可能需要的产品，比如在春季考虑防晒用品、在秋季考虑保暖用品等。这些产品是人们生活的刚需用品，不会缺少热度。提前预备产品和销售文案、短视频等，到直播售卖的时候才不会手忙脚乱。

除了当季销售，还可以反季销售。很多直播间会反季售卖产品。例如，在夏天的时候卖冬天的衣服、在冬天的时候卖夏天的用品。这样做的好处是避免商品在旺季高价销售，淡季大降价甩卖，让原本的淡季也有收入进账。

4. 从社交平台上选品

从社交平台上，也可以找到很多不错的选品。例如，如果在快手小店上卖东西，那么平时就可以关注微博、小红书、抖音上的大 V 博主，他们有时也会参与带货，推荐一些产品。如果发现很多大 V 都在给同一个品牌的某款产品做代言，说明该品牌已经在这款产品上投入了很多营销费用。对于主播来说，就可以抓住这一波热度，直接找该品牌进行合作，打上"明星同款""×× 节目同款"的标签，或者寻找同类产品上架。

经典案例

一款电动牙刷的爆品营销

电动牙刷的市场长期以来被飞利浦、欧乐B等外资企业所占据，近几年，国产品牌也开始入局，并取得了不错的成绩。某品牌进军电动牙刷领域之后，在小红书、抖音、微博等各大社交平台上展开了营销攻势，除了请大 V 博主宣传带货，还积极与小杨哥、罗永浩等头部直播间合作，推广销售旗下的电动牙刷产品。仅在抖音的品牌官方旗舰店里，就有多款产品销售量过万，主推产品销量更是高达 20 万余件。毫无疑问，在选品时，该品牌的产品是非常值得考虑的。

5.4　快速爆单的营销策略

万事开头难，想要把电商做好，就要至少打造一个爆品。有了爆品以后，就可以完成更大范围的流量覆盖。至于爆单的方法，可以参考下面几种操作。

5.4.1　紧跟热销款的脚步

最简单的方法，还是向同行学习，多找几个热销单品，最好是同类产品，把同行选品—标题—文案—主图—讲解等方案和步骤全部复制下来，然后逐个研究，从中找出适合自己的营销策略。

这样做的目的，并不是完全抄袭同行，而是要把同行们的策略放在一起进行对比，看看有哪些地方可以吸收和改进，这样就能得到一份优化版的策划案了。

找热销款的方法，已经在 5.3 节介绍过，这里就不再赘述了。

需要注意的是，寻找热销款的时候，不能只看销量，也要看用户的评论。如果中评和差评太多，就需要谨慎了，否则即便当时爆单，后面也未必是好事，可能会面临退货、投诉和差评等麻烦。

5.4.2　开展动销

动销是指通过营销手段来推动产品的销售，主要包括以下几种策略。

1. 促销活动

促销活动是吸引消费者的重要方式，电商可以开展限时优惠、秒杀、满减、买一送一等活动，吸引用户下单购买。

2. 找大 V 博主合作带货

在社交平台上寻找大 V 合作，进行品牌宣传和产品推广，通过发布优质内容和与用户互动来吸引潜在消费者。

3. 发放赠品

购买本店某款产品，可以免费赠送一件产品（通常是价格较低的产品），增加产品的价值感，激发消费者的购买欲望。

4. 拼团购买

设置拼团价，鼓励消费者组团购买，享受更有吸引力的折扣。

5. 套餐价格

有些产品有多种功能，或者有多种使用方式，需要用到多个配件。对于此类产品，可以将主产品和配件做成套餐，设置一个优惠的价格一起出售。

6. 买一发二

买一件发两件，买两件发四件，还赠送礼品，这种营销方式很容易冲击销量。

7. 预售

提前发布某款产品的发售信息，用户可以先支付订金（如订金

100 抵 200），过几天再支付尾款。提前多少名下单的，或者消费额排名靠前的，还可以多送一些东西。

8.　加价购

购买一件产品之后，只需再加部分费用，就可以购买另一款价格较高的产品。

5.4.3　价格锚定

数据显示，大部分用户更喜欢购买中等价位的产品，价格锚定的作用就是为他们提供一个比对价格的坐标。

比如，商家想要把某款产品 B（价格为 20 元）打造成爆品，可以另外挑选两款产品 A、C 作为参考。产品 A 的价格为 10 元，产品 C 的价格为 30 元，此时产品 B 就显得很有性价比了。在宣传时，也应该突出产品 B 的性价比——便宜的功能没它多，功能相同的价格没它低。

一款床垫的逆袭

2023 年 3 月，某品牌推出了一款床垫。它的亮点是用户可以自行调节软硬程度，以便更加符合自己的睡眠习惯。品牌方经过调研之后，找到了一些深耕生活健康领域的主播，并与之合作进行专场直播。为了表示重视和扩大影响力，在直播过程中，品牌方还派出了好几位高管和主播们一起向用户推销该款床垫。最终，该款床垫销售大获成功，在售价高过竞争对手的情况下实现了爆单。

5.5 选品搭配：引流款 + 爆款 + 利润款

直播电商在确定选品的品类以后，需要对店铺产品进行分类，一般分为引流款、爆款和利润款三类。

5.5.1 引流款：高流量 + 低利润

引流款的任务就是给店铺带来流量，所以这类产品的价格通常比较低，利润也控制得很紧，有时甚至是赔钱赚吆喝。

引流款会经常出现在秒杀活动等曝光渠道，或者放在直播间的开场阶段，用户看到以后，有机会通过这款产品进入店铺。这类产品通常有以下几种特点：

1. 点击率比较高

平台比较热销的产品，也意味着竞争十分激烈。

2. 库存充足

既然是负责引流的产品，那么也就意味着可能会有很多订单，因此产品库存量一定得充足。能够满足这个要求的，通常是常备库存、颜色尺码齐全的商品，或者专门低价收购的库存尾货。

3. 价格低

利润低，也就意味着价格一般不会太高，通常是价格十分便宜的产品，而且体积很小，这样还能节省不小的运费开支。

4. 和主力产品之间有联系

之所以要做引流款，是想通过它们为主力产品带来流量，所以引流款和主力产品之间一定是有内在联系的。当用户看到引流产品以后，再看到店里价格较高的其他产品，会下意识地认为其他产品也是物有所值的，无形之中起到了价格锚定的作用。

5.5.2　爆款：高销量 + 中等利润

爆款产品通常是热度较高的产品，它带来的流量很高，销量也很高，但是利润不一定高。但只要店里有一两件爆款产品，店铺就能稳定运营下去。爆款商品的流量高、销量大，自然也会带动店里其他产品的销量，所以打造店铺爆款商品还是非常有必要的。

冲击爆款还有一个好处，就是提高店铺的信誉和口碑。众所周知，没有销量，也就意味着没有信誉和口碑，因为用户只有交易成功，才能进行评价。

适合冲击爆款的产品，通常本身自带流量，每天都有很多人主动上网搜索这类产品，商家做完营销活动之后，很有机会爆单。

这类产品适合在直播间里重点介绍，作为直播间的主打款，从价格优势、产品功效、使用体验等角度，充分展现产品的卖点。

5.5.3　利润款：中等销量 + 高毛利

利润款，顾名思义，就是利润空间比较大的产品，它是负责为商家带来实际收益的，点击率可能比不上爆款和引流款，但是利润率远远超过两者。高毛利意味着高价格，因此利润款的产品针对的是小部分人群，通常是老客户，在营销策略上需要多下点功夫。在直播时，利润款应当在人气最高的时候介绍，以确保能用最短的时间，取得最好的效果。

前期需要深度挖掘数据，分析老客户的心理特点和需求，然后用更精准的方式进行定向推广。例如采取免费试用、预售的方式，看看用户的反馈如何，交订金的人数有多少，再根据测试结果调整价格。

在产品的详情页上，也可以对利润款进行推广。例如，将引流款和利润款搭配销售，用套装优惠的方式，引导引流款的用户购买利润款。

引流款和主推款的实战案例

某主播带货橱窗中的商品是服装，而且高、中、低三档价格都有。其中某链接是一款立领外套，价格明显比其他产品低很多，这款产品的用户非常广，又是基础款，比较百搭，很适合用来冲销量。如果只卖这款产品，利润是很难上去的，所以要和其他价格高、毛利高的利润款搭配起来，一个冲流量，一个冲利润，二者的关联度也比较高。用户买了该链接的服装以后，会看到其他链接里的羽绒服、毛衣等，是很有可能尝试进行搭配的。

5.6 新手选品的几大误区

新手主播在选品时，由于缺乏经验，容易陷入误区之中，这是阻碍流量变现的重要因素。

1. 根据自己的喜好选品

这是很多新手主播最常见的错误，他们认为带货就应该从自己喜欢的品类入手，"自己都不喜欢，用户又怎么会喜欢呢？"事实上，这是个伪命题。

俗话说"各花入各眼",你认为好看的产品,大众未必觉得好看。作为一名电商主播,首先应该摒弃的,就是用自己的个人观点取代用户的喜好。主播应该认真分析市场,用数据说话,总结市场上受欢迎的产品有哪些,以及用户的真实反馈。

2. 作品火了,就可以爆单

作品的流量能够帮助主播带货,但是不代表作品火了,带货也能火。很多主播在账号里发布一些有颜值、搞笑类作品,登上热门有了一些流量后也跑去带货,但却发现看的人多,买的人少。原因就在于,作品和产品之间没有很强的联系。例如,一个美食博主,平时拍摄的视频也和美食相关,但是让他为厨具带货,效果可能并不好。用户会觉得主播的厨艺很好,但是不代表他是个铸锅大师,主播需要向用户展示厨具的使用场景,这样用户才会有深刻的感受。

3. 喜欢跟风切换品类

有的主播在带货的时候缺乏专注力。例如,一个美食主播,原本是带厨具的,销量一般,某天看到别的主播卖衣服爆单了,他就开始忍不住怀疑自己了:是不是这个平台上的用户都对做饭不感兴趣,不喜欢买厨具?于是也跟着别人去卖衣服了。过了一段时间,又卖其他产品。这种做法很不可取,不仅不利于主播打造账号人设,也很难吸引精准用户。况且,有些品类看着畅销,其实已经被几个大主播把持了,他们瓜分了整个市场,设置了很多壁垒,新主播即使进入也很难生存。

4. 直接复制其他主播的关键词

新手主播往往不知道如何选择关键词,于是就从热门主播那里直接复制、粘贴关键词，这样做看似节省了很多精力，也蹭了热门主播的流量，但当用户在平台上搜关键词的时候，会同时看到你和热门主播的产品，由于你是跟随者，产品销量肯定不如热门主播的，因此最后用户肯定优先考虑热门主播的产品，而不是你的。

5. 过于热衷原创产品

有的主播喜欢做原创产品，甚至于自己设计、自己开模、独家售卖。原创产品是好事，能跟竞品打出差异化，给用户留下独特的印象。但是原创也有缺点，首先是相对于市场上已有的产品来说，原创的成本太高。其次，原创产品还没有接受过市场验证，失败的风险很高，无论是设计，还是质量把控，都有可能存在失败的因素。另外，原创产品从设计到研发，整个周期时间太长了，时间成本非常昂贵。

经典案例

一次选品失败导致的口碑崩塌

某主播原是一位娱乐圈中的名人，通过综艺节目积累了很多粉丝，随着直播市场的兴起，她也决定参与其中，却不料因选品翻了车。直播开始的时候，主播邀请了很多好友前来助阵，吸引了大批看热闹的用户。大家都纷纷感叹："没想到她这么有钱了，还这么拼！"大家都对她的行为表示佩服，但当产品陆续上架后，大家却傻了眼，原来她挑选的产品都是价格极其低廉的，明显不是她愿意使用的。很快，大家的态度就发生了转变，有质疑的，有嘲讽的……场面一度失控。就这样，好不容易筹备的直播，在一阵阵的嘘声中草草收场。

第6章 直播带货的话术技巧

不管是头部主播还是品牌直播，要想直播带货效果好，都得学会一套成熟的话术技巧。可以说直播带货的整个过程，就是利用话术说服他人下单的过程。本章的内容涵盖了直播带货过程中多个场景下的话术技巧，从开场互动，到产品解说，再到直播结束，主播们都可以参考。

6.1 开场话术，快速预热直播间

在直播的开场阶段，主播不需要一上来就介绍产品，而是应该拉人气、拉停留，为整场直播做预热。例如进行自我介绍、打招呼、简单介绍今天的直播活动和福利预告等，让尽可能多的用户留在直播间。

6.1.1 自我介绍

即便你是一名大主播，也不能保证所有人都认识你，或者有些粉

丝还不知道你在做直播。所以，直播开始以后，首先要做的就是自我介绍，对那些来直播间观看的用户表示欢迎，例如：

大家好，我是×××，今天是我们团队第×天直播，非常感谢大家的支持。

人来人往都是客，今天进入我们××直播间的朋友们，都是一种缘分。

我是××，我是一名主播，也是一个普通人，非常感谢大家前来捧场！谢谢各位朋友的关注和支持。(配合动作)

大家好，我是一名新人主播，很高兴能够与大家见面。首先，让我来简单介绍一下自己，我的名字叫××，我以前从事的职业是×××，如果有什么地方做得不够的希望你们多多见谅，感谢大家的支持。

6.1.2　介绍直播的主题

在做直播的时候，要多从用户的角度去考虑，不要一味地强调希望得到用户的支持。比如，很多主播常用的直播开场话术都是：

欢迎各位粉丝朋友，我是一个新人带货主播，非常需要大家的支持，希望大家点个关注。

用户听了以后，完全没有任何感觉。其实，主播应该告诉用户为什么应该关注他，留在他的直播间有什么好处，即说出直播的主题。可以总结为如下公式：

我是谁＋我今天直播要干吗＋我的直播福利是什么

代入这个公式，把前面的开场白修改成如下：

欢迎各位粉丝朋友，我叫 ××，我们家是做了十年高端女装的店铺，今天是我的首播。我们决定不搞广告，把所有的广告费都拿出来给大家送福利。

6.1.3　介绍今天的活动

预告一下直播的福利和活动，例如：

铁子们，我们是厂家直播，没有中间商赚差价，保证你们买到就是赚到。我们所有的货都是一手货，工厂直接发到你们的手里，一件也是批发价，大家抓紧时间下单购买。

感谢来到直播间的粉丝们，我直播时间一般是 × 点—× 点，今天会有重磅福利哦！千万不要走开。

新来的宝宝扣一个 1，我给你们走福袋。

欢迎大家来我们直播间，晚点给大家上福利。

6.1.4　向粉丝问好

和粉丝打招呼，也是开场阶段的常见手法。假如开播阶段的用户比较少，那么主播还可以念出这些用户的名字。例如：

××× 你好，欢迎进入直播间。看名字应该是老乡 / 玩 ×× 游戏的，是吗？

欢迎各位帅哥美女们来到我的直播间，进来直播间的是美女，还是帅哥呢？刷刷弹幕让我看到你哦。

欢迎 ×× 来到我的直播间，相遇即缘分，这里是 ×× 同学，快来和我聊聊！

金某直播间的开场话术

金某是一位舞蹈演员，同时也是一位脱口秀节目主持人，能说会道。在做直播带货后，金某也将自己的口才充分发挥了出来，给人们一种不一样的感受。她曾在直播开场时说："带货不是看不下去了吗？看你们在这个乱象里，浪费时间，浪费财力，所以姐帮你们好好挑一挑、选一选。什么缺钱啊，跟钱有什么关系。"除此之外，金某还亲切地将直播间的观众称为"戚儿"："你来了我的直播间，就相当于来了我家客厅，就是我的客人，我的亲戚，在东北，我们就要管你叫戚儿。"

6.2 互动话术，活跃直播间的氛围

在直播间里和粉丝进行互动，引导粉丝发表评论、点赞、关注、加粉丝团等，可以吸引粉丝深度参与到直播中，营造出更火热的氛围。

6.2.1 引导用户评论

在直播过程中，可以引导用户进行简短的评论，让用户参与进来，营造热闹的氛围。例如：

喜欢的朋友们可以扣 1，让我看看有多少人想要。

想看 × 号的扣 1，想看 ×× 的扣 2。

有用过 ×× 产品的吗？有的话扣 1。

想要××福利的宝宝们公屏走一波××××！

有没有宝宝不清楚自己穿的是哪个尺码？不清楚的话可以把身高、体重打在评论区，主播帮你选。

6.2.2　回答用户的提问

有时，用户会主动提问，主播应该重视起来，积极和用户沟通，回答他们的问题。例如：

用户问：L 码还有没有？

回答：有的哈，不要着急，刚才下单的人太多，等我再加一波库存。

粉丝问：怎么不理我？

主播答：没有不理你哦，刚才弹幕刷得太快了，主播看到问题一定会回的，请不要生气！

6.2.3　用福利提升热度

通过随机送福利的形式，可以有效提升用户对直播间的关注度，包括随机抽奖、送福袋或优惠券等。例如：

姐妹们，我们的福利就要开始了，下面我们就把 1 号链接里的这件上衣直接放在福袋里，给力不给力？想要的朋友抓紧了，等下记得点击福袋。

2 号链接不要直接拍，屏幕右上角有一个优惠券，里面有 20 米（元），在直播间里下单的时候可以用。

关注我，私聊留下你的地址，主播免费送给你一份试用装，包邮哦。

6.2.4　引导用户点赞 + 关注

在直播的过程中，记得催促用户点赞 + 关注。

关注主播不迷路，点亮上方的小红心吧。

新进来的朋友记得点个关注，跟我一起学习化妆技术，主播每天下午 7 点准时开播。

点个关注，主播会教你如何避雷，买到适合你的衣物，让你实现完美穿搭。

新进来的宝宝，点击左上角关注主播，不然后面想要复购的时候找不到了。

有条件的宝宝可以点左上角加个粉丝团，只要花 1 个抖币。关注我们的老粉都知道，我们经常给粉丝发福利。

6.2.5　让用户秀订单

鼓励用户主动"晒单"，让用户也能参与到直播中。

拍了的宝宝们给我扣一波"已拍"，主播给你们安排运费险。

还有这么多人没拍到吗？助理小姐姐统计一下，看有多少人没拍到。

拍到的朋友在评论区打个"已拍"，回复的宝宝安排优先发货。

贾某的直播互动技巧

贾某是一名演员，也是一名职业带货主播。在直播间里，他没有任何偶像包袱，喜欢用亲切的态度和粉丝互动，完全没有架子，很容易获得观众的好感。在直播的过程中，贾某也一直留意观众的留言，积极回答问题，以此吸引大家的注意。例如，有一次，某位网友说自己没有抢到货，贾某立即关注了这名网友。还有一次，某位网友说自己为了看直播耽误了工作，被领导批评了，贾某马上送出了礼品进行安慰。这样的操作，让他很难不圈粉。

6.3　解说话术，介绍产品的通用流程

直播间的用户来自五湖四海，各种职业的人都有，所以主播在介绍产品的时候不能像念说明书一样，而是要以简洁易懂的方式将产品介绍给用户。

6.3.1　引出话题

在介绍产品之前，主播需要引出用户的痛点，因为有痛点才会有需求。可以从一个生动的故事开始，如讲述用户使用产品前的烦恼和问题，唤起他们的共鸣，引导他们往产品上联想。例如：

现在冬天快来了，大家是不是也有嘴巴干燥起皮的情况？

你是不是也有睡眠问题？晚上睡不着，白天起不来？

情人节马上就要到了，你是不是还在想送什么礼物才能体现心意？

6.3.2　提出痛点

进一步深入话题，讲述用户平时遇到的困扰，目的是突出用户之前使用类似的产品时并未能很好地满足需求，这样更显得自己的产品有价值了，无形之中拉开了和竞品的差距。例如：

我们在用普通牙刷的时候，很难刷到牙齿的各个角落。

用了那种劣质的口红，涂在嘴唇上不但不好看，脸色也会显得不好。

你们平时买的卫衣，是不是特别容易起球？

不管你花一百多元还是两百多元，你买的所有衬衫，是不是都很容易起皱？穿着皱巴巴的衣服出门，是不是很尴尬？

6.3.3　提出产品卖点

正式引出自己所卖的产品，说出它的独特优势，即产品有什么价值，能够帮用户解决什么问题。通俗地说，就是用户为什么要买。例如：

这款产品是韩国进口的，它里面的成分，能够很好地修复嘴巴干以及起皮的情况。

我们的这款卫衣是全棉的，比你平时买的那种质量好得多，不容易起球、变色。

我今天要推荐给大家的这套礼盒，水、乳、面霜、眼霜、精华，里面都有，一套礼盒解决多种脸部问题。

撞色穿起来蛮显瘦的，穿上以后你会发现小肚腩不见了。

这款产品之前我们在直播间已经卖了 10 万套，卖得非常火爆。

6.3.4　试用产品

在直播间里试用产品，为用户展现产品的真实使用场景，比一味地用文字介绍更有吸引力。在使用的过程中，主播还可以加入自己的使用感受。例如：

我最近天天都在用，感觉确实很不错。

我自己就在用，已经用了 10 瓶了，出差也带着！

我现场给大家试一下，大家可以看一下这款唇膏的颜色还有效果。

我给我爸妈也买了，他们也觉得很好用。

××我只推荐这一个品牌，其他品牌给我再多钱我也不做。

6.3.5　介绍福利优惠

经过前面的介绍，很多用户已经对产品感兴趣了，此时再向他们介绍一下直播间的优惠和福利，可以起到临门一脚的作用。例如：

这款产品，原价是××，现场直播间只要××，我们现在只有 20 件给到大家，大家要拼手速了，买到就是赚到。

我们原价是××，门店价、官网价也是××，但是今天你们来我们直播间，不要这个价，只要××，倒计时 5、4、3、2、1，上架！

某猫的价格是 89 元一件，我们今天晚上，直接买二送一！再给你多减 10 元，你在市面上绝对再也看不到这个价了。

6.3.6 催单

催促用户下单，帮用户下定决心。例如：

我们给的优惠是很大了，过今天以后，就没有这个价格了，有看中的赶紧下手。

有的宝宝昨天说没有抢到，今天我们特地问厂家多要了500份，已经是我们能做到的最大限度的努力了，大家一定要把握好机会。

福利还有30秒，时间一到就下链接，准备好拼手速了。

我们有好多粉丝，去了其他店铺转了一圈最后又都回来了。我们这里的价格全网最低，大家不用比了，直接下单就行，听我的没错。

经典案例

李佳琦的经典话术

李佳琦在介绍产品时，使用的话术十分具有感染力，因此他的直播带货能创造出惊人的业绩。以下是他在直播时用过的话术，很值得主播们学习。

（1）今天的直播间，胡歌的粉丝在不在？在的打个招呼。

（2）Oh my god！

（3）所有女生，买它！买它！买它！

（4）最后5000套，妹妹们赶快抢。

（5）美眉们，来咯！

（6）你有钱都很难买到的颜色。

（7）护手霜中的爱马仕。

（8）走在大街上，人群当中都想多看你一眼。

（9）涂上它，让男人欲罢不能，让女生忌妒。

（10）阳光打到皮肤上的时候，折射出非常漂亮的光泽感。

（11）恋爱中的少女，开心地去找男朋友，那种很甜的感觉。

（12）一咬下去，爆浆出来，橡皮糖的感觉。

（13）上脸两个字形容——"高级"，四个字形容——"一拍肌合"。

6.4　学会顺口溜，直播不冷场

在直播的过程中，主播的口才非常重要，学习一些顺口溜，可以有效烘托氛围，避免冷场。以下是一些实战中非常好用的顺口溜大全，建议收藏备用。

6.4.1　开场顺口溜

在直播开场阶段使用顺口溜，能够快速吸引用户进入直播间。例如以下一些开场顺口溜。

（1）来到直播间的新朋友老朋友，时间长了就是好朋友。

（2）人多人少，气势不倒。

（3）买马要买会跑的，买东西要买质量好的。

（4）没钱的捧个人场，空闲的捧个留场，喜欢的捧个情场，最重要的，给你们一个笑场！

（5）玩归玩，闹归闹，别拿主播开玩笑；点关注，不迷路，主播带你回家住。

（6）过来看，往里走，直播间里啥都有。

（7）实话实说，现场直播。

6.4.2　介绍产品的顺口溜

在介绍产品的时候使用顺口溜，能够让直播氛围更轻松，减少谈钱时的尴尬。例如以下介绍产品的顺口溜。

（1）只要诚信大，销量就不差；只要货干净，客户就高兴。

（2）我用好产品，换您好口碑。

（3）欢迎来我直播间，我的产品很新鲜。

（4）真金不怕火炼，好产品不怕检验。说得美，夸得大，不如让事实来说话。

（5）看咱的包装，看咱的外形，又赶时髦又流行。

（6）产品好不好，看了才知道。

6.4.3　引导点赞关注的顺口溜

说一些顺口溜可以让用户放下戒备心理，更加愿意关注你。例如以下引导点赞关注的顺口溜。

（1）千山万水总是情，点个关注行不行！

（2）进门点点赞，您是南波万（No.1）。

（3）谢谢大哥的小星星，祝你越活越年轻。

（4）欢迎来到直播间，点个关注不迷路！

（5）顾客的要求，就是我们的追求。

（6）关注主播不迷路，祝你变美又变富。

6.4.4　催促下单的顺口溜

想让用户尽快下单，不直接用催促的语言，而是通过讲一些让人听着好玩又舒心的顺口溜，让用户产生急迫感，心甘情愿地抓紧下单。例如以下一些催促下单的顺口溜。

（1）秒拍秒付，抓紧手速。

（2）机会不是天天有，该出手时就出手。

（3）放心看，大胆买，不要犹豫别徘徊。

（4）好产品，还得要实惠，这个价钱真不贵。

（5）人间自有真情在，帮我点点购物袋。

（6）机会很少，错过难找。

6.4.5　下播告别的顺口溜

下播之前，也需要说些特别又幽默的话，这样才会让用户印象深刻，下次开播还会回来。例如以下下播告别的顺口溜。

（1）金杯银杯都不如顾客的口碑。

（2）一生朋友一生情，一生有你才会赢。

（3）其实我不想走，其实我很想留。

（4）主播每天八点起，跟我一起来学习。

（5）生活是大海，我们的友谊不会改。

（6）我们不得不分离，感谢你我的情谊。

（7）舍不得即将离去，愿你一切顺利，祝你身体健康，永远幸福如意！

央视名嘴用顺口溜带货

2020年4月6日，央视主持人朱广权和带货主播李佳琦一起，在直播间里做了一场公益卖货活动。其间，朱广权继续发挥自己段子手的本领，妙语连珠，一本正经地讲着顺口溜，让人忍俊不禁，例如："初来乍到，技术不好，手艺不妙，请多关照！我命由我不由天，我就属于佳琦直播间！""激动的心，颤抖的手，推荐什么都买走。佳琦颜值担当，眼里藏星辰，笑里带月光，看得你发慌，不买都得泪汪汪。""漫步东湖湖畔，黄鹤楼上俯瞰，荆楚文化让人赞叹，但不吃热干面才是真的遗憾。""吃了藕就不单身了，吃了藕就不会变心了，因为奇变'藕'不变，符号看象限，所以吃了藕海枯石烂心不变。""偶买嘎，不是我一惊一乍，真的又香又辣……买它买它就买它！不光买到了，还有赠品礼包，这么大，为了湖北我也是拼了！""用你的先知先觉，来打动人家的后知后觉，让人下单得不知不觉！"

6.5　9个品类产品的带货话术模板

目前，直播带货市场上比较常见的产品品类大致有9个。下面，分别列出了这9类产品的销售卖点，以及相应的主播带货的话术模板。

6.5.1　服装类

服装是人们生活的刚需，因此目前服装类产品在抖音、快手、小红书上都占据着重要的位置，销量很大。其卖点及主播带货话术模板如表 6-1 所示。

表 6-1　服装类产品卖点及话术

卖点	话术
款式	这是现在很流行的款式，适合肩宽、胯宽、腿粗、腹部凸出的人群。对腰部或臀部比较粗壮的体型也有很好的修饰作用。看下我身上穿的这件，是不是很显瘦
面料	这款衣服是纯棉的，而且柔软舒适，不掉色，不缩水
颜色	目前有两种颜色，红色和黑色。红色看起来热情、活泼，黑色庄重、百搭
设计	这是经典的圆领（V 领）设计，简单大方，时尚百搭。上衣还做了一个收腰的设计，让你小肚子完全看不出来，领口做了一个拉长颈部线条的设计，穿上以后，你也能有一个天鹅颈，让你的整体气质看起来非常迷人
做工	做工是没得挑的，买回去看看走线、针距，你就知道这件衣服的质量怎么样了
体感	亲肤透气不沾汗，穿着很舒服

6.5.2　日用品类

日用品也是直播带货的常客，它主要解决我们的日常生活难题，所以解说时要强调它的实用性、价廉物美等。其卖点及主播带货话术模板如表 6-2 所示。

表6-2　日用品类产品卖点及话术

卖点	话术
设计	无缝拼接，没有拼接口，装水都不会漏
耐用度	用力拽也不会烂，非常结实
性价比	你买四包到手一共六大包，500 只，够你用一年了
使用方法	这款垃圾袋是抽绳式的，一拉一提，拎起来就走，非常方便
使用场景	放在厨房里装厨余垃圾，夏天每天清理一次，垃圾桶里面就不会有异味，也不会有小飞虫到处飞了

6.5.3　食品类

现在人们对食品的安全越来越重视，所以带货食品时，主要从口味、安全性等方面入手。其卖点及主播带货话术模板如表 6-3 所示。

表6-3　食品类产品卖点及话术

卖点	话术
口感	这是一款非常酥脆爽口的小零食，咬一口满口留香，多种口味，让你一次吃过瘾
安全性	精选新鲜的腰果为原料，经过精心烘烤，添加剂只有糖、水和玉米油，真正的纯天然食物
外观	外形很小巧，颜色艳丽鲜明，让人一看就垂涎欲滴
食用方法	用 90℃热水冲泡一下，等 1 分钟左右就能吃了，很方便
食用场景	无论是在工作中，还是在休闲时，都可以吃，心情好好

6.5.4 美妆类

介绍美妆类产品时，主要从功效、安全性、用法等方面入手。其卖点及主播带货话术模板如表 6-4 所示。

表6-4 美妆类产品卖点及话术

卖点	话术
适用人群	有没有像我一样皮肤特别容易过敏的女生？我以前用化妆品经常过敏，整个脸都肿起来，红得像小龙虾一样
安全性	没有香精、色素，家里孩子、老人、孕妈妈都能放心用
成分	属于氨基酸洁面，它的主要成分是椰油酰甘氨酸钠，对皮肤没有伤害，使用起来安全放心
功效	跟皮肤相容性比较好，脱脂性也很低，能很好地保护我们的皮脂，不会导致清洁过度
用量用法	使用之前摇晃几下，用手按住瓶子两侧，就能挤出泡泡，超级绵密，香味也很好。按摩 30 秒 ~1 分钟，就像给全脸做 SPA 一样

6.5.5 数码 3C 类

带数码 3C 类产品时，主要从参数、价格、续航、功能等方面入手进行介绍。其卖点及主播带货话术模板如表 6-5 所示。

表6-5 数码3C类产品卖点及话术

卖点	话术
参数	这款耳机用的是××的新款芯片，使用××技术，带来不一样的体验
功能	无线蓝牙耳机，有降噪功能，还是高清音质
使用场景	入耳式的设计，戴在耳朵上特别舒服，不会感到耳朵疼，在骑车、跑步的时候戴它，它都不会掉，而且有防水功能
续航	这个耳机的续航时间非常久，达22个小时，搭配充电舱一个星期都不用充电，而且它还有快充功能，一个小时就能充满了
质保	现在下单，送你一年质保，一年之内只要不是人为的质量问题，我直接给你换个新的

6.5.6 汽车用品类

介绍汽车用品时，主要从产品的舒适度、造型、外观等角度入手。其卖点及主播带货话术模板如表6-6所示。

表6-6 汽车用品类产品卖点及话术

卖点	话术
舒适度	坐上去能把你的腰全部拖住，一点都不累
造型	这个坐垫的外形很符合人体工程学，流线型的设计
外观	白色的真的巨显干净，看起来特别优雅
材质	选用的是蜂窝网状的冰丝面料，摸上去特别舒适
功能	这款坐垫，不仅可以有效保护真皮座椅，而且可以提高人乘坐的舒适性，促进人体血液循环，减轻疲劳感

6.5.7　母婴用品类

母婴类产品的卖点主要体现在舒适度、安全性、功能等方面，其卖点及主播带货话术模板如表 6-7 所示。

表 6-7　母婴用品类产品卖点及话术

卖点	话术
舒适度	用着很柔软，很亲肤
安全性	可以看一下成分表，没有防腐剂、香精、激素等有害成分，也没有任何异味，对孕妈和宝宝都是很健康的
功能	可以让宝宝自己这样去抓取，锻炼宝宝的手部肌肉，以及口眼手的协调能力
配料	配料很干净，纯天然食物，原料只有板栗，宝宝一周岁就可以吃的小零食
用法	打开袋子直接就可以吃了，或者煮粥的时候放一点

6.5.8　珠宝文玩类

介绍珠宝文玩类产品时，要从材质、纯度、文化等角度入手，其卖点及主播带货话术模板如表 6-8 所示。

表6-8　珠宝文玩类产品卖点及话术

卖点	话术
材质	这是一块和田玉 / 红玛瑙 / 翡翠手链
纯度	用灯光照一下，你看这里面的杂质很少，说明它的纯度很高
做工	从切工上来说，这是一款非常精细的手链
文化	玉是有灵性的，人家说："山中藏玉草木润，家中藏玉万事兴。"
气质	视觉上就很减龄，超级显手白，戴上以后会流露出知性、优雅的气质

6.5.9　图书类

介绍图书类产品时，可以从图书的作者、题材、装帧、排版、适合的读者群等方面入手，其卖点及主播带货话术模板如表6-9所示。

表6-9　图书类产品卖点及话术

卖点	话术
作者	这本书的作者非常有名，是余华老师，他写的《活着》《兄弟》《许三观卖血记》等作品都是不朽的经典名著
特点	内容丰富，能帮助你启发自己的思维，而且趣味性很强
装帧	都是正版新书，可以看到装帧很精美，封面用的不是普通的材质，而是一种特别定制的布纹
排版	排版也很美观，能看到里面配了很多精美的插画
读者群	这本书从出版以来，读者群体就非常广泛，一直到今天都是热门畅销书
意义	余华老师说："我从来不讲大道理，而是真真正正把生活写进自己的书里。"一本书能带给人力量，一本书能带给人思考和觉悟，余华老师的作品值得收藏一套

罗永浩介绍电动牙刷的话术

　　罗永浩在直播带货时，曾带过一款电动牙刷。他在介绍这款电动牙刷时，并没有按照常人的思维把电动牙刷的各项功能都讲出来，而是举了一个例子。他说："这个电动牙刷你买回去，当你有一个异地的亲戚或者朋友到你家做客，需要在你家住上一晚，第二天早上的时候，你拿一把电动牙刷给他刷牙，你的这个客人一定会被你惊讶到，这把电动牙刷会让他记一辈子。"

第三篇

精准引流，
低成本获取流量

在社交平台上做电商，流量至关重要，没有流量就意味着无法售出商品，也就无法完成商业闭环。经过几年时间的发展，抖音、快手、小红书上已经涌入了大批电商玩家，他们都在试图分割流量，占领用户心智。这也导致现在的流量成本越来越高，且越来越难以获取。而如何以较低的成本吸引更精准的流量，就成了电商玩家共同面临的问题。

第7章 各大平台的推荐算法机制

作为社交软件平台，抖音、快手、小红书都拥有上亿用户，每天上传的作品数量难以数清。如何给这些作品合理分配流量呢？这是人工不可能完成的任务，因此各家平台都是依靠算法来实现流量分配的。了解平台的算法机制，就能够知道如何才能提升流量，让作品登上热门。

7.1 抖音的算法机制

为什么有些博主的抖音视频能上热门，有的始终没人看？想要知道流量去哪儿了，就要先了解抖音的算法机制。

7.1.1 根据用户画像匹配内容

和小红书、快手相比，抖音的流量是最大的，算法也很复杂，但是根本原则很清晰：让优质内容被更多人看到。

对抖音有所了解的人应该知道，抖音和头条、西瓜视频、火山小视频等，都是字节跳动公司旗下的产品。当你在使用这些产品时，你的个人偏好会被记录下来，被平台打上各种标签，这就是用户画像，如图 7-1 所示。

还贷中　男性

周末旅游　35 岁

爱做饭　本科学历

养宠物　白领

一线城市　高收入

图 7-1　用户画像示例

平台会根据你的用户画像，向你推荐你可能喜欢的短视频、直播和商品。比如向中老年人推荐饮食健康类产品，向女性推荐美妆类产品等。

7.1.2　抖音平台审核机制

作品上传之后，抖音会先对作品进行审核，然后才决定是否推荐给用户。抖音的审核包括两个部分：系统审核和人工审核。

1. 系统审核

抖音首先会使用人工智能进行审核，通过识别视频画面和关键词，审查作品里是否有违法违规的内容，或者是不是内容重复的作品。如果存在这些问题，作品就会被系统拦截，并标识出来，进而被限流。

2. 人工审核

针对系统审核的结果，人工会再审核一遍。如果作品确定违规，将根据抖音账号违规处罚规定对违规作品进行删除、降权通告、封禁账号等处罚。

7.1.3 抖音的流量阶梯机制

当我们在抖音上发布一条视频后，抖音同样会给视频打上标签，然后推荐给具有相同标签的用户。抖音不可能把你的作品推荐给所有用户，只可能推荐给部分用户，这就是你的流量池。

视频发布并通过审核后，平台会先推荐给部分用户，其中小部分是关注你的粉丝，其余则是与视频标签相符的其他用户，这就是初始流量池。

有些用户看了视频以后，会点赞、评论、转发、关注等（完整播放视频也是一条影响因素，即有效播放量），表明他对该视频很感兴趣。有些用户则直接划过去，说明不感兴趣。平台会根据最终的结果，决定是否要给你更多的流量。只有通过了前期流量池的检验，才会进入下一个流量池，获得更多的播放量。

抖音平台的流量池分配原则如表7-1所示。

表7-1　抖音流量池分配原则（数据仅供参考）

阶梯	名称	流量
1	初始流量池	200~500
2	千人流量池	1000~5000

（续表）

阶梯	名称	流量
3	万人流量池	1 万 ~2 万
4	初级流量池	10 万 ~15 万
5	中级流量池	30 万 ~70 万
6	高级流量池	100 万 ~300 万
7	热门流量池	500 万 ~1200 万
8	3000 万 +（全网推荐）	

引导评论区的案例

专业的抖音团队都非常重视评论区的引导。例如，某知名汽车女博主的账号发布了一条视频，开头部分是博主停车，却发现前面也有一辆车打算和她抢车位。于是她下了车，掐着腰怒气冲冲地走上前去使用自动泊车技术完成了停车的过程，看得对方目瞪口呆。在评论区中，有人评论道："她掐腰的动作跟我奶奶一样。"博主给这条评论点了赞。当其他用户看到这条评论，以及博主的互动以后，就会忍不住再看一下视频，无形之中提高了视频的播放量。

7.2　快手的算法机制

快手也是一家短视频平台，能够发展至今，其背后的算法机制功不可没。接下来我们从两个方面分析快手的算法机制，帮助内容生产者更好地了解快手。

7.2.1 快手和抖音的算法对比

同样作为国内优秀的短视频平台，快手和抖音在算法上有什么相似之处，又有什么不同之处呢？

1. 相似之处

快手和抖音都是依靠短视频起家的，二者有很多相似之处。首先，两个平台的底层逻辑都是依靠用户画像，向用户推送他们可能感兴趣的内容，这是一种中心化的分发机制。用户越是消费某一类内容，系统越会推荐同类内容。

其次，快手和抖音都是以算法推荐为主，目标都是把优秀内容推送给更多的用户，所以都会出现头部账号引流效果更强，而中小账号引流效果较差的现象。

2. 不同之处

在具体的流量分配规则上，二者也存在明显的不同。抖音的特点就是爆款和流行，如果一个视频成爆款了，抖音的算法会促使其将这条视频推给更多的人。而快手讲究的是普惠和公平，它会把流量分配给更多中小账号博主。用一句话来说就是："抖音靠爆款，快手偏平民。"

据快手官方发布的数据，在快手上，要想打造一个100万粉丝的账号，平均需要八百多天。但是在抖音上，我们经常可以看到，一些博主凭借一个视频火了之后，短短几天之内就能涨粉到100万。这种流量分配的差异，也促使两个平台培养出了不同的生态圈。

7.2.2 快手的流量阶梯机制

在流量池的分配机制上，快手和抖音一样，也采取了阶梯式的流量池分配原则，但是在具体的数值上又与抖音有所不同。

快手平台的流量池分配原则如表7-2所示。

表7-2 快手流量池（数据仅供参考）

阶梯	名称	流量
1	初始流量池	300
2	千人流量池	3000
3	万人流量池	1.2万~1.5万
4	初级流量池	10万~12万
5	中级流量池	40万~46万
6	高级流量池	200万~300万
7	热门流量池	700万~1100万
8	3000万+	

雪中飞入局快手电商

雪中飞是一个服装品牌，主要经营羽绒服类产品，2021年正式进入快手电商领域，是较早一批登录快手的服装品牌之一。在此之前，雪中飞经历了电商冲击、库存压力、竞争加剧等多重危机，年销售额已降至2亿元，因此公司内部对于电商之路寄予厚望。

　　在策划阶段，公司专门成立了一个新团队，负责电商的经营，并优化了管理组织架构。团队做了一系列复杂的市场调研，认为快手的用户群体很符合公司的品牌定位，事实证明确实如此。开播仅一个月，GMV破百万，3个月销售额突破3000万元，涨粉40万，成为行业第二。

7.3　小红书的算法机制

　　在算法机制上，小红书和抖音、快手的逻辑十分相似，都是通过标签，向可能感兴趣的用户推荐作品，也是按照阶梯制分配流量，但是在细节上又有所不同。

7.3.1　小红书的流量入口

　　打开小红书，我们会发现首页上有4个内容入口：关注、发现、附近，以及最右侧的搜索按钮，如图7-2所示。其中发现页和搜索功能是用户最常使用的，因此流量最大。

1. "发现"页

　　进入小红书平台之后，我们会发现默认页面是"发现"页，上面呈现的是系统推送给我们的各种笔记。正常来说笔记都会有基础的流量池，如

图7-2　小红书首页截图

果你的笔记有较好的数据，那么就会被推送到下一个更大的流量池中。

2. "搜索"页

除了"发现"页以外，"搜索"页也是用户经常使用的。抖音和快手通常会主动推荐，而小红书则更倾向于搜索推荐。大约有 30% 的用户进入小红书 App 后会直接开始搜索。小红书平台向他们呈现的，是已经排序的笔记，排序越靠上的笔记，获得的曝光量也就越大，如图 7-3 所示。

图 7-3　小红书"搜索"页

小红书的笔记排序并不是不变的，而是会随着推荐的效果而不断变化。影响排序的因素主要有两点：关键词的匹配度，以及笔记发布后获得的互动量。也正因为小红书重视"搜索"页，所以我们会发现小红书笔记的长尾关键词很长。例如：韩国××明星同款面膜、××品牌真皮男包、格子无袖衬衫等。

在抖音上，一条视频可能在一夜之间登上热搜，达到流量顶峰，但是过了一段时间以后，又可能会完全无人问津。但在小红书上，一条笔记可能不会在短时间内获得高赞，但是在接下来的一个月至半年时间内，可能会持续不断地有人点赞。也就是说，小红书的流量来得缓慢而持久。在小红书上，只要你能输出高质量的内容，即便你的粉丝数量不多，也可以得到小红书平台给的流量。

7.3.2 小红书的流量阶梯机制

在流量池的分配机制上，小红书也采取了阶梯式的流量池，但是在具体的数值上有所不同。

小红书平台的流量池分配原则如表 7-3 所示。

表 7-3 小红书流量池（数据仅供参考）

阶梯	名称	流量
1	限流笔记	0~100
2	初始流量池	200~500
3	千人流量池	3000~5000
4	万人流量池	1 万 ~2 万
5	小热门流量池	10 万 ~20 万
6	中热门流量池	100 万 ~300 万
7	大热门流量池	500 万 ~1200 万
8	3000 万 +	

7.3.3 小红书 KFS 模型

KFS 模型是小红书平台使用的一种营销方法，旨在帮助品牌有效推广和营销产品，是小红书博主和电商运营者应当了解的。KFS 包括以下三个要素。

K（Kol）：指达人投放内容种草，通过大数据的筛选，然后找到合适的产品，将它们推送给对应的人群。

F（Feeds）：指信息流广告，精准触达目标人群，帮助品牌降低成本并提高效果。

S（Search）：指搜索广告，关注用户的搜索行为，指导内容策略和投放策略，激发用户的购买意愿。

古茗在小红书的传播效果

古茗是一家专注于茶饮的品牌，经常在小红书上开展营销活动。古茗创始人王云安曾说："小红书的社交传播效果很不错，不仅卖爆了产品，很多用户还自发地发了龙井小绿杯这款产品的笔记，古茗第一次有了这么高的传播热度。"

古茗对于小红书的重视，可不只是投放广告这么简单。一位小红书博主买了古茗的奶茶以后，在杯子上画了一幅水墨画，获得了很多点赞，古茗官方看到以后，主动邀请作者参与了奶茶杯的设计，这是一种很讨消费者喜欢的做法。

7.4　电商不可不知的 ROI

随着电子商务的不断发展，ROI 越来越频繁地出现在我们的视野中。那么，什么是 ROI？电商又该如何经营 ROI 呢？

7.4.1 ROI 的计算公式

ROI（Return on Investment），即投资回报率，意思是企业从一项投资中获得的经济回报。ROI 的计算公式如下：

$$ROI= 税前利润 ÷ 投资总额 × 100\%$$

举个例子，假设电商在平台上花了 100 元用于推广，最后得到的利润是 200 元，那么 ROI 就是 200 ÷ 100=2。

ROI 对电商来说非常重要，它可以把收益和成本之间的关系用数字表现出来，由此我们就能了解广告投放的效果如何了。

不过，ROI 并不是完全准确的，因为我们没有把产品成本、快递费、产品利润率等其他因素算进去，所以在计算的时候，应该将 ROI 的预期适当提高一些。例如，我们原本希望的 ROI 是 2，把其他费用考虑进去之后，就应该将 ROI 提高至 2.2~3。如果你的 ROI 很低，也不一定是广告投放对这种产品无效，在对广告策略进行调整之后，ROI 可能又提高了。

7.4.2 ROI 的四种效果

在投放广告时，ROI 并不会永远和电商设想的一样，有时 ROI 会高一些，有时会不达预期。如图 7-4 所示是 ROI 四象限的效果。

可以看到，效果最好

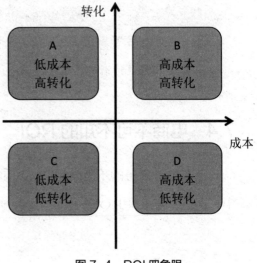

图 7-4　ROI 四象限

的是 A，低成本，高转化，这意味着广告精准地投放给了目标用户。效果最差的是 D，高成本，低转化，这意味着投放的广告没能打动消费者。

7.4.3　提升 ROI 的四种玩法

电商对付费投流可以说是又爱又恨，因为花钱后如果转化效果不好，势必会挤压利润；而严格控制 ROI，又会发现流量见底了。那么，如何才能提升 ROI 呢？

1. 匹配优质达人

在找达人合作的时候，不能仅凭粉丝数量的多少来判断他是不是优质达人。有的达人虽然粉丝数量多，但是这个账号很可能是刷数据刷出来的，找他投流显然不可能有高 ROI。所以在找达人合作之前，应该先审核一下达人账号的质量，看看他的过往作品里是否有大量的热门作品，以及作品点赞、评论、收藏和转发的数量是否与粉丝数量相匹配。

2. 优化投放时间

在投流时，可以重点关注一下时间段，不同的时间段，或许会有不同的投放效果，这是因为目标用户的活跃时间可能不一样。例如，在下午 3 到 5 点转化效率最好，那么就可以提高这个时间段的流量投放，其余时间段则减少投入，甚至不投入。

3. 选择合适的投放平台

投放效果不佳，未必是产品不对，也可能是选择的平台不对，有的产品更适合在抖音做，有的更适合在小红书做。对比一下各个平台的 ROI，如果某个平台的 ROI 太低，倒不如把成本省下来，用在其他平台上。

4. 先通投，再调整

如果预算充足的话，也可以在前期进行通投，以便增加曝光率，让大家先了解直播间，后期再进行优化和调整，提升成交率，以便降低投流成本，增加公司利润。

经典案例

小团队的投流案例

抖音巨量千川曾在《发光吧！带货人》节目中分析了一条真实案例：某女装店铺是一个 5 人小团队，卖的是高性价比产品。他们会根据客户反馈，找出数据较好的产品，然后给这些产品的短视频投放 DOU+ 进行内容加热，再通过引流的方式推动投放目标下单，促进成交，使得爆单的概率大大增加。最终，直播间单场直播 GMV 最高达到 100 多万元，商品点击率也超过了 50%。

第8章 数据复盘，实现精细化运营

经营电商，拼的是精细化运营，用数据反映成绩，为此我们必须学会复盘。如果不会做复盘工作，就无法知道自己的作品和直播到底效果如何，也就不知道如何改善和提升。那么，如何进行复盘工作呢？复盘的过程中需要看哪些数据？又该如何查询数据呢？这就是本章要重点讲解的内容。

8.1 复盘，精细化运营的基础

有人说："没有复盘的直播就是在碰运气，没有数据的决策就是在拍脑袋。"复盘是电商运营极为重要的一环，它能让电商从业者知道自己哪里做得好，哪里做得不好，最终实现精细化运营。在复盘过程中，电商从业者需要重点关注以下几项数据。

8.1.1　完播率

完播率会告诉你视频拍得是否好看、直播做得到底好不好，光靠自我感觉是行不通的。完播率高的视频能够得到更加优质的曝光机会，从而让更多的人看到你的作品。完播率的计算公式是：

$$完播率 = 看完视频的用户数 \div 点击观看视频的用户数 \times 100\%$$

例如，视频有 100 个点击量，但是只有 30 个人完整观看了视频，那么完播率就是 30%。

抖音官方规定，有机会被商城展示的内容，需要同时满足两个条件：短视频播放量 > 400，完播率 > 10%。从这里也可以看出，完播率低于 10% 的作品，会被认定为低质量作品，在推广上不占优势。

完播率低的原因有很多，如视频内容不够优秀、直播的节奏太慢、商品没有竞争力等。完播率太低，除了会影响视频被更多人看到，还会对直播带货产生不利影响。

8.1.2　转评赞

转发、评论、点赞代表了用户对作品的认可，是一种互动的形式，因此抖音、快手、小红书对这些内容都十分看重。要想获得更多的流量，必须努力提升作品的转评赞。

转评赞考验的是视频引导互动的能力，可以从以下几点入手。

1. 输出有价值的作品

有价值的作品，更容易获得用户的认可，也更容易获得转评赞。例如，测评某款产品，讲述其中对人体健康有害的地方。

2. 获得用户共鸣

创作有感染力的内容，让用户对作品产生情感共鸣，促使作品得到进一步的传播。例如，在作品中代入真实的生活场景，代替用户说出他们切实关心的问题。

3. 与用户互动

在作品的评论区中与用户进行互动，可以引导更多用户参与到话题的讨论中来，进一步提升评论量。另外，还可以在作品的结尾请求用户点赞，例如："觉得主播不错的转发、评论、点赞，支持一下主播。"

8.1.3　涨粉率

涨粉率是衡量账号增长的重要指标，涨粉率高代表账号的受欢迎程度高，也说明账号的经营策略正在起作用。

涨粉率的计算公式是：

$$涨粉率 = 粉丝增长数 \div 播放量 \times 100\%$$

要提高涨粉率，最根本的还在于作品，围绕与目标受众有关的话题进行创作，不断提高作品的质量和播放量。

8.1.4　直播间数据

电商直播时需要关注的数据更为复杂，除了作品的完播率、转评赞等，还需要从电商的角度去分析数据，以便观察直播带货的效果。

1. 人气指标

人气指标主要包括总观看人数（UV）、观众停留时长、最高在线人数和平均在线人数等。其中，总观看人数能够反映直播间的引流效果，而平均在线人数和直播间的变现潜力相关。观众在直播间里停留的时间越长，说明直播间的内容越有趣，直播间内的产品越有吸引力。

2. 销售指标

销售指标包括销售总额（GMV）、商品曝光率、付款率、转化率等。这是整场直播带货效果的直观体现，一旦这个指标出现下滑趋势，就要找出原因，调整策略，保证直播数据的稳定性。

3. 用户画像

观察直播间用户群体的画像统计，能够看出产品的目标用户群体是否准确。例如，用户的年龄、性别、行为习惯、地区等，掌握这几点数据，可以为选品和直播策略优化提供参考。

4. 互动指标

互动指标包括弹幕数量、送礼数量、分享次数、加团数量等。观察直播间用户与主播的互动是否频繁，通常互动越好，用户越有可能下单。

经典案例

直播数据案例

抖音某主播的直播间实时数据为：从第一天 16：43 开始直播，到第二天凌晨 3：10 时，总 GMV 为 1000 万 ~2500 万元，累计观看人次 117 万，实时观看 2239 人，用户平均停留时间 10 分 31 秒，而且女性用户远高于男性用户。该直播间一天之内就涨粉 9740 人，转粉率为 0.83%，数据非常优秀。

8.2　复盘工作的注意事项

每场直播结束之后都要进行复盘，这是经营电商的必备环节。因为直播刚刚结束的时候，大家对于各种细节的印象最深，可以准确地找出不足之处，以待下次改进。

8.2.1　复盘前的准备工作

在复盘工作正式开始之前，需要做一些准备工作，以便让整个流程更快捷、更清晰。

1. 过往数据

每次直播的数据，以及每次复盘后的总结报告，都应该保存下来，并用文件的形式整理出来。这样做的好处，是可以看到团队战略的实施情况。回顾过往复盘时制定的目标，包括销售额、观看人数、转化率等，对比当前直播的数据，看看是否完成了目标。

2. 录屏

预先把整场直播录制下来，并在关键时间点做出标记，方便后续拆解分析。这个步骤可以在直播的中控后台中完成。

3. 其他准备工作

其他准备工作包括准备好复盘表格、笔记本和便利贴等工具，以用来详细记录每天直播的数据，方便进行观察。

8.2.2　复盘人员

直播是团队的工作，因此复盘需要团队人员的参与，包括选品、运营、主播、中控、客服等，共同讨论整体配合中出现的问题。例如，每个人的工作是否执行到位、是否有人补位、有突发状况是否按照预案执行等。

1. 主播

主播是直播带货团队的核心人物，需要直接面对用户，发挥自己的口才，把产品介绍给用户。在复盘时，主播要做的是回顾自己的话术、产品讲解、控场情况等有无问题。主播一般出现的问题是在线人数激增时无法承接流量、直播间节奏出现偏差、黑粉出现时临场反应不佳、粉丝提出专业问题无法及时回答、产品介绍卖点错误且混乱、直播间号召力差、催单逼单付费能力弱等。

2. 场控

场控是直播带货的导演，是复盘工作的领导者，任务是复盘直播中对实时目标的关注情况如何、对突发事件的预警能力如何等。场控容易出现的问题是产品上镜没有特点、产品要点归纳不足、预估直播数据出现偏差、对直播中的突发状况无法做出有效判断等。

3. 副播

复盘时，副播要做的是看捧哏这一角色完成得怎么样，如是否协助主播完成了直播任务，是否帮着调节了直播间的氛围，是否在合适的时机成功制造了话题等。副播容易出现的问题是无法协调直播间氛围、与主播配合度不高、传递道具错误等。

4. 中控

中控的复盘任务是看是否完成了后台操作，包括产品上下架、价格调整、增加库存、发放优惠券等任务做得怎么样。中控容易出现的问题有产品上下架错误、价格没调整、库存修改错误、优惠券未发放导致用户无法领取等。

经典案例

直播带货复盘表

如表 8-1 所示是直播带货复盘表，可以作为直播结束后复盘工作的参考。

表 8-1　直播带货复盘表

日期：＿＿＿年＿＿＿月＿＿＿日

平台			职务		
时长			主推品		
流量数据	总人数（UV）		互动数据	点赞次数	
	最高在线人数			评论次数	
	观众停留时长			分享次数	
	男用户占比			涨粉人数	
	女用户占比			新增粉丝团	
商品数据	上架商品		订单数据	成交额（GMV）	
	商品曝光数			下单用户数	
	商品点击数			订单成交数	
最热商品					
热门话题					
直播流程					
总结					
场控确认			主播确认		

8.3 抖音官方数据查询工具

抖音官方为用户开发了很多工具，如直播伴侣、抖音开放平台、抖音创作服务平台、抖音音乐开放平台、抖音电商、巨量引擎等，其中一些可以用来查询数据，帮助主播们进行数据复盘。

8.3.1 抖音创作者中心

抖音创作者中心是抖音 App 内置的工具，为用户提供了多项功能，包括数据查询、团购带货、星图服务、开店服务等。使用方法如下：

（1）打开抖音 App，点击"我—抖音创作者中心"选项，如图 8-1 所示。

（2）在新打开的页面中找到"全部"选项，如图 8-2 所示。

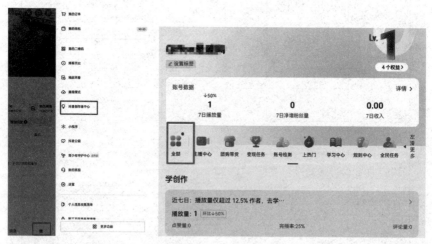

图 8-1 打开抖音创作者   图 8-2   在抖音创作者中心找到"全部"选项
       中心操作

（3）点击"全部"选项，进入"我的服务"页面，从中可以看到
很多工具选项，用户可以在这里进行数据查看接单、带货等操作，如
图 8-3 所示。

图 8-3　我的服务

（4）点击"数据中心"图标，进入"数据中心"页面，便可以查
看数据全景、作品数据、粉丝数据等，如图 8-4 所示。

（5）点击"数据全景"选项卡，出现"数据全景"页面，下滑可
以依次查看作品、直播、电商、星图等相关数据，如图 8-5 所示。

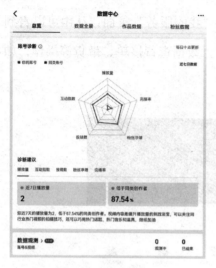

图8-4 数据中心　　　　　　　　图8-5 数据全景

8.3.2 抖音电商罗盘

电商罗盘是抖音专门为其商家开发的工具，不仅可以查询数据，还可以了解市场趋势和竞争对手的动态，从而发现更多的商机。打开并使用电商罗盘的操作步骤如下。

（1）在浏览器中输入网址 https://fxg.jinritemai.com/，打开抖店，如图8-6所示。

图8-6 抖店登录页面

（2）注册账号，并登录账号，进入抖店首页，可以看到网页顶部导航栏的"巨量千川""精选联盟""电商罗盘"等选项，如图 8-7 所示。

图 8-7　抖店首页

（3）点击进入"电商罗盘"页面。在网页顶部的导航栏中可以看到"作战室""直播""短视频""图文""商品卡"等选项，如图 8-8 所示。

图 8-8　"电商罗盘"页面

这些选项可以从各个方面帮助电商进行营销。例如，分析短视频和图文的数据（短视频、图文）、查询本店今日成交榜单（作战室）、查看本店商品数据以及本周热卖商品（商品）、分析粉丝人群画像（人群）、分析用户评价（服务）、查询物流信息（物流），大盘类目挖掘（市场）、优选直播达人（达人）等。

（4）点击"直播"按钮，再选择相应选项，就可以在打开的页面中查看直播的相关数据，如图8-9所示。其中，"直播列表"页面为7天内开播且正在直播的"自营"账号直播间或已为主播授权的"合作"账号直播间；在"直播复盘"页面可以查看达人的直播数据、场次情况、渠道分析、热卖商品榜top5等；在"主播分析"页面可以分析主播的表现，支持"按直播场次查看"，完整记录每场直播；在"直播计划"页面可以查看并创建直播计划；在"直播榜单"页面可以查看近期电商直播排行榜。

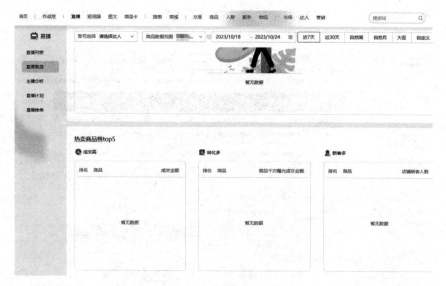

图8-9　直播复盘页面

用电商罗盘查看直播榜单

打开电商罗盘，使用"直播榜单"可以查看近期电商直播排行榜。以 2023 年 10 月 24 日为例，搜索"服饰行业—女装—品牌—自播"，在交易榜前 10 的品牌店铺分别是 Urban Revivo 女装旗舰店、Teenie Weenie 官方旗舰店、掌上优衣库、鸭鸭时尚运动配件旗舰店、苏醒的乐园服饰旗舰店、YAYA 鸭鸭羽绒服旗舰店、鸭鸭女装奥莱旗舰店、白鹿语 LOUIS YAO 官方旗舰店、波司登、三彩女装旗舰店。

8.4 快手官方数据查询工具

快手小店是快手推出的电商服务工具，可以通过手机端和 PC 端登录。

8.4.1 快手小店手机端

手机端登录快手小店有两种方式：一种是通过快手 App 里的快手小店进入，另一种则是下载快手小店商家版 App 登录。具体登录和使用步骤如下。

（1）打开快手 App，进入"我"，找到"快手小店"，如图 8-10 所示。

（2）此时进入的是买家端，可以看到很多带货商品。点击右上角的"更多"按钮，即可找到"切换卖家"图标，如图 8-11 所示。

| 图 8-10　快手 App 页面 | 图 8-11　买家端页面 |

（3）点击"切换卖家"图标，进入卖家端页面，如图 8-12 所示。

（4）向下滑动页面，在"常用应用"栏里，可以看到"添加商品""商品管理""数据中心"等功能，如图 8-13 所示。

图 8-12　卖家端页面

图 8-13　"常用应用"栏

（5）选择"数据中心"→"生意通"选项，打开"生意通"页面，即可看到详细的数据信息，包括交易情况、商品总览、流量分析、营销情况、售后、客服、物流等，此处打开的是"流量"页面，如图 8-14 所示。

（6）返回"生意通"主页面，点击"选品中心"图标，即可进入"快分销"模块，商家可以在上面挑选商品进行带货，赚取佣金，也可以发布招商，邀请达人帮自己带货。

图 8-14 "流量"页面

（7）快手小店商家版 App 的操作步骤基本相同，只是在登录以后，会直接进入卖家端页面，省去了（1）~（3）的步骤，会更加方便。

8.4.2 快手小店 PC 端

在 PC 端，操作步骤基本一致，只是在登录方式和页面上有所不同。具体如下：

（1）在浏览器中输入网址 https://www.kwaixiaodian.com/，进入快手电商主页面，如图 8-15 所示。

图 8-15　快手电商主页面

（2）登录快手商家账号之后，便可以进入快手小店网页版。在网页左侧的导航栏中可以看到"订单""商品""商城""数据"等选项，如图 8-16 所示。

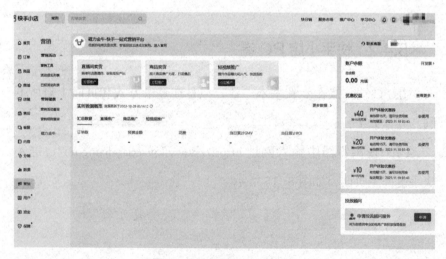

图 8-16　快手小店网页版

（3）点击"数据"选项，进入数据中心界面，可以看到电商直播大屏，以及短视频流量分析、粉丝画像分析等，如图 8-17 所示。

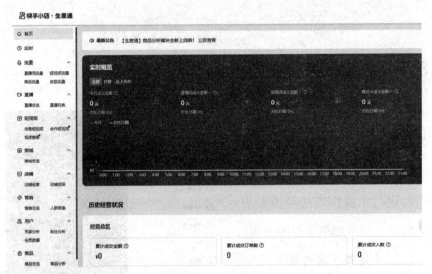

图 8-17 数据中心

快手快分销爆款榜单

2023 年 10 月 25 日，快手快分销爆款榜单的前 10 名分别是：瓜子（售价 10.9 元，佣金 7%，销量 2.8 万）、丑橘（售价 16.9 元，佣金 9%，销量 2.1 万）、腰果（售价 13.8 元，佣金 11%，销量 1.6 万）、生姜（售价 11.9 元，佣金 12%，销量 1.6 万）、葡萄干（售价 12.9 元，佣金 5%，销量 1.2 万）、打底衫（售价 10.99 元，佣金 5%，销量 1.2 万）、核桃（售价 11.9 元，佣金 5%，销量 1.1 万）、东北大米（售价 27.99 元，佣金 4%，销量 9975）、轻食拌面（售价

9.9 元，佣金 13%，销量 9369）、床单（售价 8.9 元，佣金 5%，销量 9139）。其中大部分商品是食品，剩下两件商品则是服装和床上用品。

8.5 小红书官方数据查询工具

查询小红书的直播数据和带货数据，可以通过小红书千帆（小红书商家版）和小红书后台进行，操作方法与快手小店相似，但是细节上有所不同。

1.小红书（普通版）

（1）打开小红书 App，进入"我"页面，点击左上角的三横杠图标，出现如图 8-18 所示页面。

（2）点击"专业号中心"选项，进入"专业号中心"页面，在其中可以查看相关数据，如图 8-19 所示。

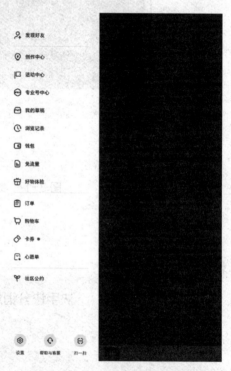

图 8-18　小红书"我"功能选项

（3）点击"专业号中心"页面右上角的"更多数据"按钮，进入"数据中心"页面，可以详细查看笔记数据、粉丝数据、个人主页等，如图 8-20 所示。

图 8-19　"专业号中心"页面

图 8-20　"数据中心"页面

（4）返回"专业号中心"页面，在其中点击"常用功能"一栏中的"更多功能"按钮，便可以看到"做互动""发笔记""去推广"等功能，如图 8-21 所示。

（5）点击进入"主播中心"页面，可以看到相关的直播数据，如图 8-22 所示。在"常用服务"栏

图 8-21　更多功能

中，可以查看直播预告、我的数据、钱包收益、直播选品等信息。点击进入"我的数据"页面，可以查看直播数据、商品分析、粉丝分析等信息。

2. 小红书千帆 App（小红书商家版）

（1）下载小红书千帆 App，可以实现更多电商功能，例如管理商品、管理店铺资金、物流和售后、优惠券设置等，如图 8-23 所示。

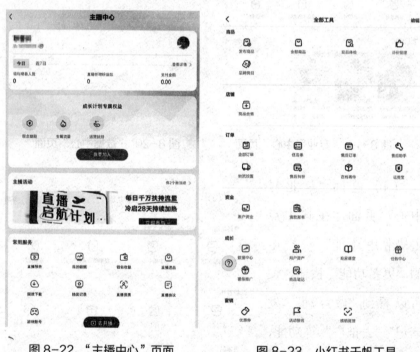

图 8-22 "主播中心"页面　　　　图 8-23 小红书千帆工具

（2）电脑端的小红书千帆 App，功能和使用方法与手机端相似，只是页面略有不同，如图 8-24 所示。

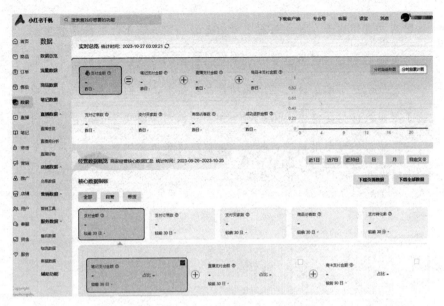

图 8-24 小红书千帆 App 网页版

需要注意的是，在小红书开通个人店，不需要提供营业执照，但个体店和企业店需要营业执照。而且只有企业店才可以与其他博主合作分销，个人店和个体店则不能被其他博主分销。

小红书的官方选品中心，可以通过执行"我—创作中心—更多服务—主播中心—常用服务—直播选品"选项进入，前提是进行实名认证，年龄超过 18 岁，并且粉丝数超过 1000 人。

借助小红书提升品牌形象

在小红书上做母婴产品是很有优势的，因为小红书的用户群体中有很多是 25~35 岁的女性，她们喜欢在网上搜索内容，也更愿意相信品牌的价值。小红书发布的一份报告中显示，年轻一代的母婴用户更倾向于在社交平台上学习母婴知识，而小红书就是其中一个重要的平台。某品牌曾经长期走性价比的路线，给人的印象偏低端，后来重组团队，打造中高端产品。接着，他们在小红书上邀请了很多头部母婴博主，围绕安全和护肤，创作图文笔记，专门面向一线城市的母婴用户进行投放，很快获得了极高的热度，品牌形象大幅提升，也积累了很多潜在客户。

第**9**章 账号引流、圈粉的实用技巧

有人曾说："得粉丝者得天下。"要想做电商带货，必须了解粉丝经济，否则寸步难行。高级的主播，会用自己的人格魅力打动粉丝，让粉丝觉得自己花的钱很值。抖音、快手、小红书上不乏千万粉丝的大主播，带货能力让人羡慕。他们无一例外，都是非常擅长引流和圈粉的。

9.1　账号运营的四个阶段

一个成熟的账号体系的运营成功并不是短时间内就能够实现的，尤其是对于那些不了解平台的人，从认识平台，到熟悉平台、了解平台，中间需要很长的时间沉淀。一般来说，账号的运营和发展会经历四个阶段。

9.1.1　入局阶段

想进军抖音、快手、小红书，却又缺乏经验的电商，通常有两个办法。

第一个办法是找达人带货，只需要注册一个账号，就可以从平台上找到对应的达人。这样做的好处是见效很快，短时间内就能拉升销售额，扩大品牌影响力。但是缺点也很明显，商家的利润会被大幅压缩，付出的成本更多。

第二个办法是商家自己经营账号，从拍视频、写图文笔记，到直播带货、售后服务等，全部由自己解决。需要付出的时间成本很高，但是优势也十分明显，一旦成功，商家就多了一条成本可控的业务渠道。

除了以上两个办法外，还有第三条路可走，那就是无货源发货。这种模式特别适合那些达人和大 V，自己不囤货，也不进货，只做一件代发。从直播间、1688 网、蝉妈妈等平台，查找近期内销售额、好评率高的产品，然后把链接添加进自己的账号内，等做到一定规模之后，再深入探索电商经营之道。

9.1.2　引流、圈粉阶段

很多之前做淘宝、天猫、京东、拼多多等的传统电商，来到抖音、快手、小红书以后会感到十分陌生，因为平台的生态明显不同。以淘系为代表的传统电商，虽然也做直播，但是愿意逛淘宝、京东的人，本身就是抱着购买商品的心态去的。而抖音、快手、小红书的用户，本身是抱着消遣和娱乐的心态使用的，想要吸引他们的注意力，除了要做好店铺运营以外，还要学习如何创作图文 / 视频。

这个阶段，往往也是品牌快速圈粉的阶段。商家需要专门成立一个账号运营团队，通过对平台和同行进行研究，找到适合自己的风格，不断优化作品内容，累积粉丝，培养用户。

9.1.3　快速成长阶段

经过一段时间的摸索之后，商家找到了适合自己的风格，也学会了如何创作图文 / 短视频、如何进行直播、如何与用户打交道，接下来就可以进入快速成长阶段了。

达人变现的方式有很多种，例如直播变现、中视频计划、挂小程序、抖音团购、全民任务、星图广告等。电商的变现方式相对比较集中，主要是抖音小店和直播变现。

在这个阶段里，商家的主要任务是发掘爆款产品。选择点击率、收藏加购率高的产品，或者是商家认为有潜力的爆款产品，迅速扩大战果。

9.1.4　建立品牌阶段

电商发展到最后，都要走向品牌化战略发展的道路。只有建立品牌，才能避免昙花一现。如今，入驻抖音、快手、小红书的企业越来越多，专卖店、专营店、旗舰店也在快速增长，就连带货的达人主播们，也在建立自己的品牌。

想要长久生存下去，商家除了要提升自身的产品力以外，还要依靠粉丝的支持。可以通过品牌定位、品牌标志、品牌故事等方式，塑造品牌形象和特色，同时还需要注重品牌声誉和口碑，提供独特且有价值的产品，方能提高品牌信任度和忠诚度。

头部带货主播的电商之路

2015年，小杨哥还在上大学，其间他接触了网络短视频，于是注册了一个账号，和哥哥大杨哥一起创作搞笑段子。幽默整蛊的视频风格，吸引了无数粉丝，短短3年时间，粉丝数就达到了9000万，成为抖音个人榜第一名。随后，小杨哥开始了直播带货之旅，并创立了"合肥三只羊网络科技有限公司"。如今，三只羊集团旗下已有30余家企业，涉及直播运营、创业投资、供应链服务、文化传媒等领域。

9.2 稳定更新，留下忠实用户

运营自媒体账号，需要持之以恒的决心，要按时发布作品，定期进行直播，才能保证账号数据的稳定增长。

9.2.1 稳定更新有哪些作用

很多人在做自媒体的时候都会经历三个阶段：兴致满满→疲倦不堪→半途而废。稳定更新似乎是一件非常困难的事情，三天打鱼两天晒网好像才是常态。但是，正如费力地向上攀登才叫进步和提升一样，也只有持续稳定地更新才能带来新用户并留下老用户。

1. 提高曝光率

各个平台的算法虽各有不同，但有一条是共通的：如果账号长时间没有更新，就会被算法认为是不活跃的账号，会被降低曝光率。而如果你坚持更新，就会被算法认为是一个活跃的账号，曝光率也就会提高。

2. 筛选忠实用户

筛选忠实用户是非常重要的，你的作品或许有很多人观看，但是不可能所有人都会下单，成为老客户的就更少了。稳定更新可以帮助我们留下忠实用户，而且长期观看作品，也可以吸引其他用户下单。

3. 树立品牌形象

发布作品是电商向用户传达品牌信息、树立品牌形象的一种措施，就像传统企业发布的线下活动和电视广告一样。通过稳定更新，用户可以了解你的产品，也会在不知不觉中接收到品牌的价值观。

4. 建立信任度

如果长时间不更新，用户会把你逐渐遗忘。只有稳定的更新，才会让用户觉得你是一个可靠的品牌，也只有这样，用户才会愿意下单。

5. 锻炼营销能力

所有的电商企业进军社交软件平台，都会走各种各样的弯路。一开始，电商不熟悉用户，不知道用户究竟想要什么，通过稳定的更新作品，收集用户的真实反馈和体验，不断改进，才能最终走向成功。

9.2.2　稳定更新作品的三个技巧

在社交软件上更新作品是为了讨好用户，但是掌握正确的技巧，也能起到征服用户的作用。

1. 有自己独特的风格

保持稳定更新作品，可以给用户一个心理暗示："主播可能又更新视频了。"假如你之前的作品给用户留下了不错的印象，那么过了一段时间以后，他们就会忍不住点开你的主页看看你又发布了什么作品。那些优秀的主播，甚至会让用户习惯性地收看作品，将之变成用户生活中必不可少的一部分。因此主播发布的作品一定要注重创新性，形成自己独特的风格，因为只有无可替代，才不会被用户抛弃。

2. 在固定的时间点更新

用户的生活是有规律的，因此作品发布时间很重要，在用户活跃的时候发布，效果会更好。例如：早班高峰期——上午 8—10 点；午间休息——中午 12—13 点；下班高峰期——下午 18 点；睡前娱乐——晚上 21—22 点。

3. 奖励环节

为了吸引用户观看，可以在作品中加入奖励，例如抽奖链接、代金券、促销活动等。但是奖励环节不宜频繁使用，可以隔一段时间使用一次，以免造成用户疲劳。

大 V 主播在用的作品更新时间

卢克文是一名互联网大 V 主播，在抖音、头条、微博上都有账号，他主要写作国际时政系列文章，然后制作成视频。以抖音账号为例，他的视频更新频率为 2~3 天，短视频发布时间分别为 17：50、

9：30、21：30、10：04、8：00。可见，虽然他的作品更新时间并不固定，但也是集中在用户活跃时间内。

9.3　真人出镜，增强用户的信任感

在抖音、快手、小红书上经营账号，有一些人选择不出镜，但也有很多人选择真人出镜。那么，对于电商来说，哪种做法更好呢？

9.3.1　真实出镜能够建立信任感

在社交软件平台上，很多自媒体博主并不以自己的形象示人，而是用图文笔记或者虚拟形象代替。这种模式操作起来比较简单，例如很多输出个人观点的博主，喜欢用网络视频或图片作为背景，加上字幕和配音，也获得了不错的收益。然而，真人出镜却有着不可替代的优势。

1. 增加亲和力

假如主播完全不出镜，用户很难感受到其情绪的波动，那么又何谈感动呢？如此，对运营账号非常不利。

如果主播站在镜头前，让用户看到自己的真实表情、动作，听到自己真实的声音，那么就能使自己的感染力和亲和力大大增强，从而引发用户关注，对经营账号十分有利。

2. 打造个人 IP

真人出镜可以打造个人 IP，尤其是对于那些知名人物而言，他们原本就自带流量，再以主播的形象亲自参与带货，无形中就打造了一个新的个人 IP。时间久了，用户对他们的形象更熟悉了，就像对待老

朋友们一样，每天看看他们在干些什么，分享些什么，这对企业品牌形象的推广也很有用。另外，个人 IP 也是最好的原创证明，可以避免别人搬运你的视频。

3. 与竞争对手拉开差距

字幕和视频的制作门槛相对较低，是主播几乎都会，这个方面很难做出特色。而直播的话术、和观众的互动，以及场景、货品的选择等方面，则需要长期地练习和不断地调整，要想脱颖而出也很不容易。而只有真人出镜，才能让自己真正和大部分账号拉开距离。

4. 平台更喜欢真人出镜的视频

事实上，平台也更倾向于扶持真人出镜类作品，因为此类作品大多是原创，加之用户也更喜欢真人出镜的短视频作品，所以平台会给流量。

9.3.2　非真人出镜的运营模式

真人出镜具备的优势是非常明显的，但是也有很多人认为自己的形象不佳，缺乏直播经验，因此不愿意出镜。其实，非真人出镜也同样可以在社交平台上生存。大概来说，非真人出镜类作品的创作模式主要有以下 4 种。

1. 书单模式

很多主播在抖音、快手、小红书上分享图书内容，只需挑选几张图片或者剪辑视频，又或者干脆只用黑色做背景，再把图书上的精彩内容粘贴上去，凭借文字的力量，就可以吸引很多用户。主播不需要亲自站在镜头前，这种形式的带货量也不容小觑。如果你的商业模式也是通过文字或音乐来打动人心的，同样可以使用这种模式。

2.　电影解说模式

打开抖音、快手，我们可以看到很多主播剪辑的电影、动漫视频，并积累了众多粉丝。在发展初期，平台为了吸引用户，对这种模式给予了很多支持和鼓励，但是这种模式始终面临着版权问题，因此运营起来并不容易。

3.　日常分享模式

平时分享一些个人技能，如写字、画画、插花等，主播也可以不出镜，而是把镜头集中在创作过程上。

4.　产品介绍模式

这类专门用于介绍产品的视频、图文笔记，主播也可以不出镜，把镜头都用于介绍产品的外观、使用方法等。

经典案例

不出镜的主播视频

某位主播拍摄了一条视频，用于介绍某款饭盒。她本人并没有出镜，只有双手出现在镜头里，其余的镜头都在介绍产品。通过对两款饭盒进行对比，突出产品的特点，她拍摄的内容也获得了不错的数据。

9.4　粉丝群的运营和维护

吸引到粉丝以后，还要提升粉丝的忠诚度，为此主播们需要对粉丝关系进行管理，建立粉丝群就是这个目的。

9.4.1 粉丝群的作用

建立粉丝群，主要有以下几个作用。

1. 筛选忠实用户

愿意加入粉丝群的用户，对主播所带的货的兴趣通常比普通用户更高，也更有可能下单。建立粉丝群，就是要把这部分用户集合在一起，然后向这部分忠实用户做营销推广，这样做比广撒网式地买流量效率更高。

2. 增加粉丝归属感

粉丝群是主播和用户沟通的一个内部渠道，双方可以随时联系，而不是只有直播的时候才能交流。一个好的粉丝群可以增加粉丝的归属感，为粉丝带来更深的情感沉淀。

3. 发布消息通知

在粉丝群中发布直播、新品上架等消息，有利于推广和传播，避免粉丝遗漏消息。

9.4.2 创建粉丝群的方法

1. 创建抖音粉丝群

（1）打开抖音，点击"我"进入个人中心，点击右上角的三横杠图标，选择"抖音创作者中心"选项，如图 9-1 所示，进入创作者中心。

（2）在创作者中心点击"主播中心"按钮，如图 9-2 所示。

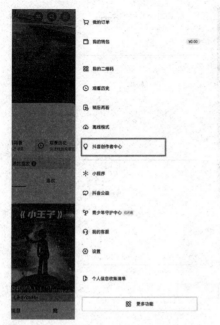

图 9-1　选择"抖音创作者中心"选项

图 9-2　点击"主播中心"按钮

（3）选择"更多功能"中的"粉丝群"选项，如图 9-3 所示，创建粉丝群。

2．创建快手粉丝群

（1）打开快手，点击"我"图标进入个人中心。点击右上角的三个点图标，选择"我的群聊"选项，如图 9-4 所示，进入"我的群聊"页面。

图 9-3　点击"粉丝群"

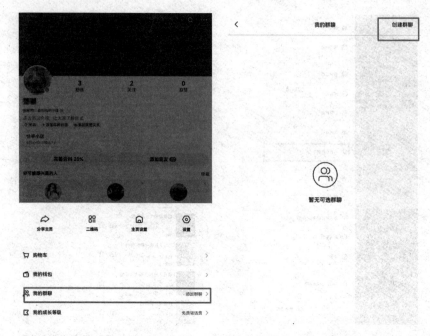

图9-4 选择"我的群聊"选项　　图9-5 点击"创建群聊"按钮

（2）在"我的群聊"页面中点击右上角"创建群聊"按钮，如图 9-5 所示，创建粉丝聊天群。

3. 创建小红书粉丝群

（1）点击"消息"按钮，进入消息页面，选择右上角的"发现群聊"→"创建群聊"选项，如图 9-6 所示，进入创建群聊页面。

（2）在"创建群聊"页面中点击"立即创建"按钮，如图 9-7 所示，创建粉丝聊天群。

图 9-6　选择"发现群聊"→"创建群聊"

图 9-7　"创建群聊"页面

9.4.3　如何管理粉丝群

1. 建立规则

在创建粉丝群时，主播就应该制定一些规则，告知粉丝哪些行为不能做，这样可以更有效地管理粉丝群。例如以下粉丝群规则。

（1）请勿发布广告、违法信息、政治信息等。

（2）禁止引战，不得发表有害言论。

（3）尊重他人隐私，未经允许，请勿私自公布他人的身份信息。

（4）禁止谩骂、辱骂群成员。

（5）禁止发布病毒、恶意程序等有害信息。

（6）请勿在群聊里刷屏。

2. 与粉丝互动

主播需要时刻关注粉丝群内动态，及时回复、解答粉丝的疑问，增加粉丝的参与感和体验感。

3. 组织粉丝活动

有条件的话，可以定期组织粉丝活动，给粉丝发红包、发优惠券等福利。

4. 发布开播时间

直播之前，先在粉丝群里发布开播消息，提醒成员收看。这也是一种提升粉丝活跃度的方法。

经典案例

美食博主的群聊

抖音上有位主播，每天直播制作火锅底料，从煮辣椒、碎辣椒，再到熬牛油、炸辣椒，详细展示火锅底料的每一步制作过程。满锅通红的辣椒，让用户们看得十分过瘾。很快，该博主就积累了近100万粉丝，他创建了十余个群聊，正式在抖音开展电商业务，售卖火锅底料。

9.5 和其他主播互推流量

互推是一种门槛很低、效果却很好的营销方式，早在微博、公众号兴盛的时候，就已经有人在用互推方式营销了。在如今抖音、快手、小红书风头正劲之际，电商主播也可以借助这种方法。

9.5.1　互推的本质是资源交换

互推，就是互相宣传、互相营销。互推的本质，就是资源交换，只不过这里的资源是粉丝和流量。例如，你拍抖音的时候，推荐一下我的账号，然后我再拍一条视频推荐你的账号，互相推荐给粉丝，是一种双赢的做法。

最简单的互推营销，就是寻找一个主播，和他约定互相推广。在此之前，你的粉丝或许并不了解他，经过你的推荐之后，粉丝们对他产生了兴趣，于是搜索他的视频和直播，给他带去了流量。站在你的角度来说，有了他的推荐，你的流量也会增长。

当然，也可以和多个主播结成联盟，大家一起互推。多人互推，可以带来更大的流量池。

9.5.2　互推营销的注意事项

电商主播要参与互推营销，可以参考以下几点做法。

1.　找到合适的账号

首先，寻找流量旗鼓相当的账号，并不是所有的账号都适合互推，例如你只有 1000 个粉丝，却想找千万级粉丝的大主播，大概率是谈不成的，只有流量相差不大的账号，才更容易谈成合作。

其次，最好寻找目标用户群体相似、但不构成直接竞争的账号。例如，你卖的产品是鞋子，对方卖的是袜子，你们的目标群体十分接近，但是又不会产生直接的利益冲突，甚至还能形成互补。

最后，还要看对方的粉丝黏性，这一点可以看对方作品的阅读量和内容质量。内容质量好，阅读量也很高，说明对方的粉丝黏性高，这样的账号带来的流量通常是真实、稳定的，而不会出现流量突然腰斩的情况。

2. 根据人设，创作剧本

主播双方接触以后，可以一起拍摄视频，或者在评论区进行互动，但是互动的方式要符合双方的人设，避免让粉丝感到不适。例如，年纪小的主播在与年纪大的主播互动时，应该保持尊重长者的姿态。

3. 注意互推的节奏

在进行互推时，也要注意掌控节奏，避免互推过于频繁，让粉丝心生反感。而且，如果互推过于频繁，也会让粉丝在潜意识中将你们当成一个主体，这对于你们各自的独立发展很不利。

4. 互推的方式

互推的方式有很多，可以合拍视频，也可以只在评论区互动，或者在视频中提到对方，或者转发对方的作品，又或者给对方的作品评论、点赞等。

美食主播的互推

　　陈宗明和隋卞都是美食主播，在抖音上都拥有百万粉丝，他们合作推出了一期一起探店的视频，给专业厨师的菜品评分。在视频中，隋卞的态度十分恭敬，充分表现出了尊师重道的美德。而陈宗明作为前辈和师傅，在点评厨师弟子的菜品时，态度严肃、一丝不苟，让观众们感同身受，心生敬意。

9.6　打造账号矩阵，实现流量裂变

账号矩阵是电商运营的高阶玩法，是指一家公司注册多个账号，扩大营销效果的同时，还能减少营销费用。

9.6.1　为什么要做账号矩阵

建立账号矩阵的品牌有很多，抖音、快手、小红书上都可以看到，他们之所以要这么做，是因为账号矩阵有其独特的优点。

1. 扩大流量

随着一个账号的不断壮大和崛起，其运营者所付出的营销费用也是不断增加的，但是粉丝量却并不总是会随着营销费用的增长而不断增长。这是因为在社交平台上，账号的流量达到顶峰以后，就很难再继续吸引流量了。建立账号矩阵，就意味着可以分裂出很多个中等流量的账号。而且，这些账号之间可以互相引流，实现快速成长。

2. 实现粉丝分流

大主播可以根据自身的特点分裂出很多个账号，每个账号都有一定的差异化，避免账号之间过于雷同。通过不同账号的内容相互配合，让用户对品牌的认知更全面、更立体，实现 1+1>2 的效果。这样就可以通过账号制作不同的内容，触达不同的人群，或者适配不同的经营场景，以做到粉丝分流，实现电商的多个经营目标。

9.6.2　什么情况下应该做账号矩阵

做账号矩阵是有门槛的，不能盲目去做，通常情况下，需要先做

好一个主账号，收获一批忠实粉丝以后，才有条件去做账号矩阵。

之所以要这样做，一方面是为了积累经验，有了成功的运营经验，再去复制新号，就更容易了。例如，稳定更新高质量视频/图文的经验、稳定运营店铺的经验，以及建立品牌形象的经验。假如主号都没有做起来，就急着去开新号，就很容易打乱运营节奏。

另一方面，前期集中精力做主账号，也能减少开支，把有限的资源用在刀刃上，避免支出太多，影响主账号的成长。

9.6.3 账号矩阵的构成

账号矩阵一般分为四种类型：品牌号、个人号、达人号和引流号。

1. 品牌号

品牌号即主号，是在抖音、快手、小红书等平台上认证过的官方账号，它的作用是传递品牌价值观、发布品牌重大活动，是品牌对外的统一形象。

2. 个人号

个人号通常是由公司的高管注册的账号。高管的个人形象，在很大程度上是对品牌形象的补充，所以个人号的作品和评论都要符合公司的价值观，还要有个人特色。

3. 达人号

由公司注册或投资的达人账号，通常需要输出高质量的作品，优点是可以保持相对独立的人设，看上去像独立客观第三方，为品牌宣传时，也更有说服力。

4. 引流号

引流号通常是指在评论区引流的小号，负责活跃评论区，引导用户评论，也可以让员工的个人账号承担小号的角色。引流号需要认真培养，每天刷视频、浏览图文笔记，最好是同一垂直领域的内容，并且评论、转发、点赞，避免营销味太浓，被人一眼看穿。

一般情况下，矩阵账号的数量达到 20~30 个就可以了。数量太少，会显得矩阵很单薄，引流作用太弱；数量太多，又不方便操作。

经典案例

美妆品牌的账号矩阵

雅诗兰黛是全球最大的化妆品和香水公司之一，在小红书上的营销量很大。数据统计，仅 2023 年 9 月，雅诗兰黛在小红书平台上投放的商业笔记互动量就达到 41.77 万，预估投放费用为 1102.45 万元，相关商业笔记 655 篇，相关合作达人 617 个。

除了品牌主账号、达人号以外，雅诗兰黛还有许多专柜号、员工个人号，这些账号构成了一张庞大的矩阵网，共同为品牌的营销服务。

9.7 裂变营销，让用户帮你宣传

俗话说："金杯银杯，不如客户的口碑。"客户交口称赞的才是好牌子。裂变营销就是这样一种引流方式。

9.7.1 为什么要做裂变营销

抖音、快手、小红书在本质上都是社交软件平台，它们的流量非常依赖用户之间的交流。当用户发现某个品牌、某个产品非常优秀时，就会向身边的朋友推荐，这就是裂变营销。

裂变营销是一种有效的引流方式，通过制造病毒式传播，让用户主动变成品牌的推广者。在如今这个网络发达的时代，社交裂变有着相当大的影响力，通过这种方式，企业不仅可以将旧的客户保留下来，同时还能不断吸引新的客户。

裂变营销的优点非常明显。首先，用户的亲自推荐会更有说服力，因为人们更倾向于相信他们熟悉的人所说的话。其次，相比于传统的大规模广告投放，用户的主动推荐可以让商家节省营销成本，用更少的投入获取更多的流量曝光。

9.7.2 裂变营销的方法

1. 拉新奖励

这是很多 App 的常用方法，首次注册并登录的新用户，可以获得新人红包或积分；向朋友推荐的老用户，也会获得一些奖励。因此，无论是老用户还是新用户，为了领到红包或积分，往往都会主动分享链接或积极注册和登录。

2. 抽奖活动

在直播间里设置抽奖活动，也可以吸引用户主动进行分享。例如签到抽奖、点赞抽奖、秒杀抽奖和口令截屏抽奖等。事实证明，抽奖活动可以让直播间更有趣味性，能够有效提升互动率。

3. 拼团活动

拼团活动是一种已经被证明十分有效的裂变营销活动，拼多多的兴起就是一个例证。在直播间里同样可以设置拼团活动，然后加入直播间的购物车。需要注意的是，选择适合拼团活动的产品非常重要。一方面，产品最好是适用人群较广的刚需性产品，以方便用户可以轻松找到参与拼团的朋友；另一方面，产品的库存供应也要充足。

4. 话题挑战

在作品中发起话题挑战，也是一个很好的做法。用户只需要按照要求创作并发布作品，就有机会赢取奖励。话题挑战让用户也可以参与其中，充分发挥自己的创意，因此能够打造现象级的爆款。但是这种玩法的难度很高，需要仔细研究话题，吸引用户跟进。

5. 品牌故事

创作一个有趣的故事，引起用户的情感共鸣，也能让用户主动分享给朋友。一个好的品牌故事，能够升华品牌的理念，传递品牌的价值观。例如，海尔 CEO 张瑞敏当众砸毁不合格冰箱的故事，曾经引起很大的反响，人们通过这个故事看到了海尔提升产品质量的决心。

6. 与达人合作

商家可以选择一个达人主播，和其合作拍摄一条视频，或者一起进行直播，把品牌和产品推送给他们的粉丝。这也是一种很实用的裂变营销方式。当然，你的产品需要和达人的粉丝群体相契合。

7. 消费返利

用户购买产品后，商家向用户返还一定的金额，利用人们爱占便宜的心理，快速裂变新会员并增加曝光量。

开封文旅话题挑战赛

2023年10月5日，河南开封文旅在网上发布了一条话题挑战赛，主题是"一城宋韵，东京梦华"，借助电视剧《东京梦华录》的热度，宣传本地的文化和旅游。用户只需添加官方指定话题"#一城宋韵·东京梦华#开封归来不看菊#开封文旅"，并定位开封市，在小红书和抖音上发布作品，就可以参加比赛。比赛开始以后，很快获得了不错的流量和热度，至10月18日，已经有参赛作品2000余件，相关话题阅读量超过3000万次。

第**10**章 提升账号权重的技巧

权重是平台对账号重要性设置的一个指标，它会影响作品的曝光量。通常而言，权重高的账号，会获得更高的流量推荐；权重越低，则意味着流量推荐越低。因此运营账号不能忽略权重，应尽量避免各种可能会降低权重的行为。

10.1 账号体系和权重等级

抖音、快手、小红书上的账号是有差别的，大部分账号是普通用户注册的，没有特殊标识，但有一些是经过官方认证的特殊账号，它们的名字后面有一个带颜色的 V 字。

1. 红 V、黄 V 和蓝 V

抖音、快手、小红书平台上都有红 V、黄 V、蓝 V 三种颜色的认证，认证逻辑比较接近，只是细节上略有不同。

黄 V 是达人、网红账号，相当于个人认证，需要达到一定的要求才能申请，例如：发布 1 条以上的视频、粉丝量达到 10000、实名认证、提供相关领域专业能力资料等。黄 V 认证是一种身份标识，会让你的账号更具有可信度，也会有更好的流量加权。

蓝 V 是商家账号，上传营业执照后才可以申请蓝 V 认证。蓝 V 账号享有普通账号不具备的很多特权，例如发布营销视频不会被限流，可以在主页填写官网链接，有专属商品展示栏等。

红 V 是经过平台认证的名人或品牌，是比较难获取的，例如"电商优质作者""演员"等，需要主播拥有大量的粉丝，还要有一定的社会影响力。获得红 V 认证，可以获得更高的曝光率和权威性。

按理来说，电商机构更适合申请蓝 V 认证，但是用户在看到蓝 V 时，总是会在潜意识里想起令人讨厌的广告，这是蓝 V 的劣势。为了消除用户的防备心理，提高用户的互动率，在申请蓝 V 账号后，要将其打造成像普通账号一样，弱化广告和销售行为，提升内容的观赏价值。

2. 抖音的账号等级

平台会根据账号的价值和影响力，给每个账号划定权重等级。抖音的账号分为 8 个等级（L0~L7）。其中，L7 是最高等级，具有最高的曝光率和影响力。主播们可以在 App 中查看自己的账号权重等级。

查看抖音账号等级的方法如下。

（1）打开抖音 App，进入"商品橱窗"→"个人橱窗"主页，如图 10-1 所示。

（2）头像下方的标识，即账号当前的等级。点击头像，即可查看等级和积分，如图 10-2 所示。

图 10-1　个人橱窗主页　　　　　图 10-2　查看账号等级和积分

3. 快手的账号等级

快手的店铺等级分为新手商家、L0、L1-、L1+、L2-、L2+、L3-、L3+、L4-、L4+，只有 L4 的店铺，才能进行 1080p 高清直播，并享受精选服务最高 8.5 折。

快手账号等级的查看方法和抖音差不多，可以通过快手 App 进入"快手小店"页面，或者使用快手商家版 App 直接进入店铺页面，在店铺名称的下方就可以看到店铺分和店铺等级，如图 10-3 所示。

图 10-3　查看店铺分和店铺等级

4. 小红书的账号等级

小红书的账号是用特别有趣的昵称来代替的，如表 10-1 所示。

表 10-1　小红书账号等级

等级	昵称
等级 1	尿布薯
等级 2	奶瓶薯
等级 3	困困薯
等级 4	泡泡薯
等级 5	甜筒薯
等级 6	小马薯

（续表）

等级	昵称
等级 7	文化薯
等级 8	铜冠薯
等级 9	银冠薯
等级 10	金冠薯

打开小红书 App 后，进入"我"页面，点击右上方的"编辑资料"按钮，进入"编辑资料"页面，在下方找到"成长等级"，点击之后即可查看自己的小红书等级，如图 10-4 所示。

图 10-4 小红书等级

经典案例

抖音账号等级和权益

账号的权重等级越高，分配的流量就越高，享受的权益也会更多。以抖音为例，账号等级和权益的对应关系如表10-2所示。

表10-2　抖音账号等级和权益

权益名称	权益对象	权益说明
商品分享	L0级及以上达人	根据权限范围，可以在橱窗、视频或直播场景分享商品，赚取佣金
PC工作台	L0级及以上达人	支持达人使用PC巨量百应工作台，来更高效地管理橱窗商品，进行直播中控，查看更多实时与翔实的推广数据
达人广场	L0级及以上达人	达人在开通商品橱窗功能之后可自动入驻达人广场。入驻后，平台将基于达人的过往数据为其包装视频主页和直播主页供商家查看，从而获得更多的商家线索和合作机会
官方社群	L3级及以上达人	加入官方达人社群，获取优质商家合作资源，体验最新培训课程，参与社群专享活动赢取额外奖励。了解平台最新规则及产品功能，与同等级达人分享交流经验
官方榜单	L3级及以上达人	官方榜单位于百应后台的电商达人榜菜单下，包括带货能力榜、创作能力榜、粉丝价值榜等多类榜单，进入榜单后将会获取更多直面商家的曝光机会，也有利于达人本身自主招商变现
官方活动	L4级及以上达人	优先邀请参加官方组织的各类平台活动，有机会获取更多曝光机会，能够快速成长，提高影响力

（续表）

权益名称	权益对象	权益说明
官方签约	L6 级及以上达人	L6 级及以上达人可优先享有官方签约机会，官方会从带货能力、内容能力、粉丝经营能力等多维度评估达人能力，并对符合签约标准的达人定向发出签约邀请，收到签约邀请后，达人可以选择是否签约，签约成功后可享有流量奖励、商业推广等一系列丰厚的资源扶持
官方尖货专供	L6 级及以上达人	官方签约达人专享，官方的专供尖货资源池扶持，官方持续给予高性价比、硬通货等优质货源，助力达人组货升级，降低达人招商组货压力
直播安全保障	L6 级及以上达人	官方签约达人专享，享受直播安全保障专人服务、直播安全问题快速响应、直播安全隐患前置解决等优质服务，为达人直播保驾护航

10.2　快速提升权重的方法

电商从业者都知道，权重对于一个店铺的影响非常大。那么，权重到底是什么意思呢？怎样才能提高权重？

10.2.1　影响权重的几个因素

权重，就是平台给账号和店铺的一个综合评分，权重高的账号和店铺，会在平台上获得更多的流量。权重这个概念比较模糊，平台一般不会直接给每个账号都标上权重分数。总的来说，影响权重的因素一般有以下几个，如果这些因素不过关，权重肯定也不会高。

1. 点击率

作品、直播间和商品的点击率，是直接影响权重的因素。众所周知，电商的运营是建立在流量之上的，而点击率是流量的直观体现，每一次点击都可能带来一个商机。

点击率的计算公式如下：

$$点击率 = 点击量 \div 展现量$$

举个例子，假设你的商品被 100 个人看到了，其中 10 个人点击了商品，那么点击率就是 10%。

2. 作品完播率

作品完播率也会影响权重，当你的作品完播率高时，平台就会认为你的作品质量较高，非常吸引人，那么你的店铺的权重也会随之提高。

3. 互动率

互动包括转发、点赞、评论，它们和完播率一样，代表作品的受欢迎程度，互动率越高，权重就越高。

4. 店铺的活跃度

店铺的活跃度包括产品上新、互动回复及用户评论等，它们代表了店铺是否在正常经营。提高店铺活跃度，可以提升平台的搜索排名。

5. 收藏和加购

收藏和加购代表了用户是否对你的产品感兴趣，这是很重要的指标。通常，店铺的新品上架后，很难在短时间内提升人气，此时就要优先做好收藏和加购这两个指标，帮助新品快速积累权重。

6. 销售数据

销售数据也是影响权重的重要因素，如销量、好评率等。

10.2.2　提升权重，获取自然流量

经营账号就像养绿植一样，需要每天浇水、施肥，即养号。账号的数据做得好看，权重提升了，平台就愿意给你分配更多的自然流量，这对一个新账号来说尤为重要。

1. 基本数据

如果做不到每天都开直播，至少也要每天都登录账号，浏览一下热门作品、推荐作品，尽量完整地看完图文笔记和视频，同时进行点赞、评论和转发。评论也要尽量保持真实，不要重复刷屏同一条评论，容易被平台判定为机器人。

2. 完善资料

账号注册之后，需要填写账号的基本资料，包括设置昵称、头像，填写个人简介等，越详细越好，且不要打广告。

3. 稳定更新作品

假如长时间不更新作品，很多用户就会离你而去。经常更新作品，不仅可以提升账号的活跃度，还能让用户记住你账号的更新频率，养成追更的习惯。

4. 店铺体验分

体验分是平台给店铺的综合评价，体验分越高，流量扶持越大，曝光机会越多。所以从一开始就要重视体验分，尽量减少店铺的退货率，保证及时发货，做好售后服务，减少客户投诉。

5. 上新

正常情况下，店铺每隔一段时间就要上新品，例如每天上 2 件新品，或者每周上新 10~15 件新品，同时下架不出单的商品，保证店铺

每天都有流量。

账号运营的噩梦——"僵尸号"

高权重的账号会获得高流量，反之，低权重的账号流量就少。当流量低到一定程度，就变成了"僵尸号"，几乎没有权重，即便更新作品，也很难获得流量推荐。在前面的内容中，介绍了抖音的流量阶梯，即便是初始流量池，也会获得 200~500 的流量推荐。如果你连续发布了好几条作品，播放量却始终在 100 以下，说明你的账号很可能已经变成僵尸号了。

遇到这种情况，建议在账号安全中心先对账号进行检测，看是否存在违规记录。如果没有违规记录，可以先从养号做起，逐步提升数据，过一段时间以后，再看看流量是否有起色。如果一直没有起色的话，就只能重新起号了。

10.3 如何摆脱平台的限流

作为一名电商主播，我们都希望自己的作品和直播能被更多人看到，但有时却在不知不觉中踩到了平台划定的红线，被严重限流。下面我们就从实际运营的角度，看看限流的原因和解决办法。

1. 账号问题

如果你的账号本身就存在问题，那么从一开始就会被限流。例如：账号名称、个性简介、头像、主页背景存在违规内容，如包含其他联系方式（微信、QQ、手机号等），是极有可能被限流的。

因此，账号名称、头像、个人简介、主页背景要避免出现违规词汇和太多无关的内容，越简单越好。

2. 设备问题

每部手机最好只注册一个账号，使用一台手机和 IP 注册多个账号，或者一部手机上连续切换几个账号，容易被平台判定为水军。另外，账号不要频繁登出，更不能频繁变动定位，一会儿在北京，一会儿又到了上海，这种定位异常的行为也会引起平台的监控。

3. 作品问题

作品的质量不高，也会引起限流。例如：作品粗制滥造，画面模糊、扭曲，内容不够垂直，更新的速度比较慢，搬运他人视频，以及视频时长太短，低于 7 秒（7 秒以下的视频容易被平台认定为内容不完整，不给流量）等。

4. 刷数据

刷赞、刷粉、刷好评等行为，看上去数据很好，但是这些都是僵尸粉，数据不真实，平台自然不会推广。如果被平台发现，轻则警告，重则封号，得不偿失。

5. 账号活跃度太低

长时间没有发作品或直播，店铺上新不及时等，都会被平台判定为不活跃账号，这反映出养号的意义。

6. 违规宣传

在抖音、快手、小红书上带货，也要遵循商业规则，其中一条就是不能违规宣传，例如在宣传语中使用"最""唯一""美白"等特效词汇，或者夸大产品使用效果。

7. 频繁改价

入池是卖家们必须经历的一个重要步骤，有人会把商品设置一个低价做动销，入池之后再改成高价，但是这样做会被平台认为商品发生了变动，需要重新审核商品的权重。

8. 不遵纪守法

电商主播经营账号或带货，需要遵纪守法。如果出现财税不合规、侵犯版权、色情低俗、不正当竞争、侵犯未成年人权益、作品内容展示自杀自残等危害社会、对社会造成恶劣影响的行为，那么不光会被平台封号，还会受到法律法规的处罚。作为电商主播，要时刻谨记，遵纪守法是底线，绝对不可以逾越。

未成年人出镜直播案例

直播带货的造富神话，吸引了很多人参与其中，甚至连未成年人都未能置身事外。2021年，一位母亲像往常一样坐在自家经营的超市里直播，或许是感受到直播的乐趣，她的儿子也来参与带货。只见她的儿子熟练地介绍着店里的各种商品，很快直播间的人数就涨到2万人。但是他们的喜悦并未持续多久，很快该地检察机关就接到了举报，称有人利用未成年人直播卖货。

我国法律法规中有明文规定，直播、短视频平台严禁16岁以下未成年人直播出镜，不允许炒作"网红儿童"进行流量变现，禁止诱导未成年人打赏。因此，电商主播一定要牢记底线，不要让未成年人参与直播，否则悔之晚矣。